上海抗战与世界反法西斯战争系列丛书

淞沪抗战史料丛书续编 Ⅰ

第一辑

淞沪战斗详报 | 蔡廷锴 蒋光鼐 戴戟 合著

上海科学技术文献出版社
Shanghai Scientific and Technological Literature Press

图书在版编目（CIP）数据

淞沪抗战史料丛书续编．第一辑 / 蔡廷锴等著．—上海：上海科学技术文献出版社，2017
ISBN 978-7-5439-7254-4

Ⅰ．①淞…　Ⅱ．①蔡…　Ⅲ．①一·二八事变—史料　Ⅳ．①K264.310.6

中国版本图书馆 CIP 数据核字（2016）第 302807 号

本书由上海市哲学社会科学规划课题资助出版

责任编辑：张　树　李　莺　王倍倍
封面设计：周　婧

丛书名：上海抗战与世界反法西斯战争系列丛书
书　名：淞沪抗战史料丛书续编第一辑：淞沪战斗详报
蔡廷锴　蒋光鼐　戴　戟　合著
出版发行：上海科学技术文献出版社
地　　址：上海市长乐路 746 号
邮政编码：200040
经　　销：全国新华书店
印　　刷：虎彩印艺股份有限公司
开　　本：889×1194　1/32
印　　张：11.375
版　　次：2017 年 3 月第 1 版　2017 年 3 月第 1 次印刷
书　　号：ISBN 978-7-5439-7254-4
定　　价：98.00 元
http://www.sstlp.com

《上海抗战与世界反法西斯战争》系列丛书总序

徐 麟

伟大的中国抗日战争，是近代中国人民反对帝国主义侵略并且取得第一次完全胜利的民族解放战争，是开展时间最早、持续时间最长的世界反法西斯战争东方主战场。在这场历经十四年之久的抗日战争中，中国各族各界人民同仇敌忾、共赴国难，经过艰苦卓绝的浴血奋战，以巨大的民族牺牲，打败了穷凶极恶的日本法西斯侵略者，取得了辉煌的胜利。正如习近平总书记所指出的，中国抗日战争“为拯救民族危亡、实现民族独立和人民解放，为争取世界和平的伟大事业，作出了彪炳史册的贡献”。中国抗日战争是在中国共产党倡导的以国共合作为基础的抗日民族统一战线旗帜下进行和取得胜利的。以爱国主义为核心的伟大民族精神是中国抗日战争胜利的决定因素，中国共产党的中流砥柱作用是中国抗日战争胜利的根本保证，全民族抗战是中国抗日战争胜利的重要法宝。

上海抗战是中国抗日战争的重要组成部分。在中国抗日战争与世界反法西斯战争中，作为中国共产党的诞生地，上海这座具有反帝反封建光荣革命传统的英雄城市，发挥了独特的重要作用，作出了重大的历史性贡献。

20世纪三四十年代，上海这座国际性的大都市，已经成为中国与世界各国通商贸易的主要港口，成为中国经济、文化中心和政治、外交副中心。同时，上海又是当时中国最大的军港和守卫长江的大门，具有重要的军事战略地位，因而始终成为日本法西斯军国主义觊觎的一个战略要地。1931年九一八事变后，日本法西斯军国主义进而在上海挑起了一·二八事变，发动了对淞沪地区的武装侵略，驻守上海的十九路军和前来增援的第五军与上海人民奋起抵抗，给予日本侵略者以沉重一击，成为中国局部抗战历史进程中承前启后的关键性一役。九一八和一·二八时期的抗日武装斗争和民众抗日救亡运动，在世界上率先举起了反法西斯的旗帜，揭开了中国抗日战争和世界反法西斯战争的序幕。1937年七七事变后仅一个月余，日本法西斯军国主义又把侵略魔爪伸向上海，遭到中国爱国军民的顽强抵抗，形成了以上海为中心的一场气壮山河、震惊中外的八一三淞沪抗战。七七卢沟桥事变和八一三淞沪会战，标志着日本法西斯军国主义全面侵华战争的开始。在中国共产党的积极倡导和推动下，抗日民族统一战线正式形成，揭开了中国全民族全面抗战的序幕，也标志着世界反法西斯的第二次世界大战在亚洲的东方战场正式形成。在八一三淞沪抗战历时一百多天的日日夜夜，中国军队和上海人民以其鲜血和生命，筑成了一座民族自卫的血肉长城，谱写了一曲民族团结、共御外敌的壮丽史诗。上海沦陷后，上海民众在全国人民和全世界爱好和平的各国人民的声援、支持下，面对极其艰辛险恶的环境，仍然以大无畏的英雄气概，坚定不移地继续投身于全民族抗战的洪流，对日伪的法西斯统治进行不屈不挠的斗争。中国共产党始终高举抗日民族统一战线的伟大旗帜，发动民众，团结上海各界人士，从人力、物力、财力等方面支持抗日民主根据地和抗战大后方的斗争，冒着腥风血雨，迎接抗日战争的最后胜利。

两次淞沪抗战及上海民众在十四年中不间断的抗日救亡运动，构成了一幅幅上海抗战英勇悲壮的画卷，也铸就了上海在中国抗日战争和世界反法西斯战争中的重要历史地位：上海不仅是中国对日作战的一个坚强的军事战略重镇，也是中国抗日救亡运动的前期中心和中国抗战文化的发源地；不仅是支援抗战大后方和抗日民主根据地的重要基地，也是世界反战反法西斯人士和中外难民的庇护所，是世界反法西斯舆论战、情报战的东方主要阵地，又是中国联系国际反法西斯阵营的纽带和桥梁。更为重要的是，上海抗日战争凸显了其重要的历史意义：它在外敌入侵、民族危亡的关键时刻，全面地、全方位地弘扬了以爱国主义为核心的民族精神，折射了中华民族有同侵略者血战到底的气概、有在自力更生的基础上光复旧物的决心，有自立于世界民族之林的能力，上海抗日战争在中国抗日战争和世界反法西斯战争历史上树立了一座永不磨灭的丰碑。

今年是中国抗日战争暨世界反法西斯战争胜利七十周年。在中共上海市委的领导和支持下，上海学术界和理论界，经过多年的努力，联合推出了《上海抗战与世界反法西斯战争》系列丛书。这套系列丛书分为三个子系列，**一是上海抗日战争史丛书，**内中包括上海抗战史通论、一·二八淞沪抗战、八一三淞沪抗战、日军在上海的罪行与统治、上海人民抗日救亡运动、上海郊县抗日武装斗争、上海人民支援新四军与抗日根据地、抗战时期的上海经济、抗战时期的上海文化、上海抗战与国际援助等；**二是淞沪抗战史料丛书，**选辑和汇集民国时期有关上海抗战的具有代表性的通讯、纪实、回忆录及报告文学等鲜为人知的孤本、藏本影印重版。**三是上海抗战与世界反法西斯战争研究丛书，**其中包括：资料性著作：如记忆中的淞沪抗战、淞沪抗战中文报刊资料选编、淞沪抗战档案史料选编、上海抗战历史文献选编等；专题性著作：如中国共产党与上海抗战、当代学者论淞沪抗战、国外学者论淞沪抗战、一·二八淞沪抗战画史、八一三淞沪抗战画史等；工具性著作：如上海抗战与世界反法西斯战争大事年表、上海抗战与世界反法西斯战争事件人物录等；通论性著作：在上述论著的基础上完成一部通论性著作，即上海抗战与世界反法西斯战争全史。这三个子系列丛书各有千秋、各具特色，在集结出版后，更能起到互相参照、取长补短的作用。可以说，这套系列丛书是上海学术界和理论界研究上海抗日战争和世界反法西斯战争的一项重大的学术成果，是对上海抗日战争史研究的一个重要总结和一次集中展示，也是向中国抗日战争暨世界反法西斯战争胜利七十周年献上的一份厚礼！

“疑今者，察之古；不知来者，视之往”。历史是最好的教科书。《上海抗战与世界反法西斯战争》系列丛书的出版发行，更是为了向社会提供一部能够弘扬时代正能量、培育与践行社会主义核心价值观的好教材。让我们站在新的历史起点上，进一步铭记历史、缅怀先烈、珍视和平、警示未来，为实现中华民族伟大复兴而奋斗，为促进世界的和平和发展作出我们应有的贡献。

出版说明

《淞沪抗战史料》丛书续编充分利用南京图书馆馆藏资源，将已见或未见的关于淞沪抗战史料以影印的形式出版，内容涵盖两次淞沪抗战，即一·二八淞沪抗战和八一三淞沪抗战，力求比较全面、翔实和生动地反映淞沪抗战的全貌。

两次淞沪抗战，是中国人民伟大的抗日民族解放战争的重要组成部分，特别是八一三淞沪抗战是在中国共产党的抗日民族统一战线政策的指引下，以国共两党的合作为中心，全国各爱国党派团体、中央和地方各系抗日军队、各界爱国民众以及海内外侨胞，在抗日御海、共赴国难的基础上发动和进行的，堪称民族自卫战争史上的伟业。它体现了中国人民血洒战场、拼死抗战的决心和民族团结精神。在抗战胜利70周年之际，阅读这些史料，重温那段中华民族优秀儿女面对强敌、誓死抗争的精神，就是最好的爱国主义教育。两次淞沪抗战展示了中华民族奋起改变自己国家命运的伟大信念，爱国主义激发出全体中国人民的巨大力量，这种信念和力量，在今天仍然弥足珍贵，令人心怀激荡。两次淞沪抗战中那些大气磅礴、气壮山河的史诗故事，均在本套丛书资料中有翔实的记录和质朴的史料作为佐证。

由于各种原因，原书中存在着印刷错误，而且有些细节也与史实不符，对书中的一些观点我们也不完全赞同，为了给读者提供最原始的抗战史料，对上述问题未做任何处理，希望读者能够给予理解。

编者

2016年9月

目录

淞滬戰鬥詳報

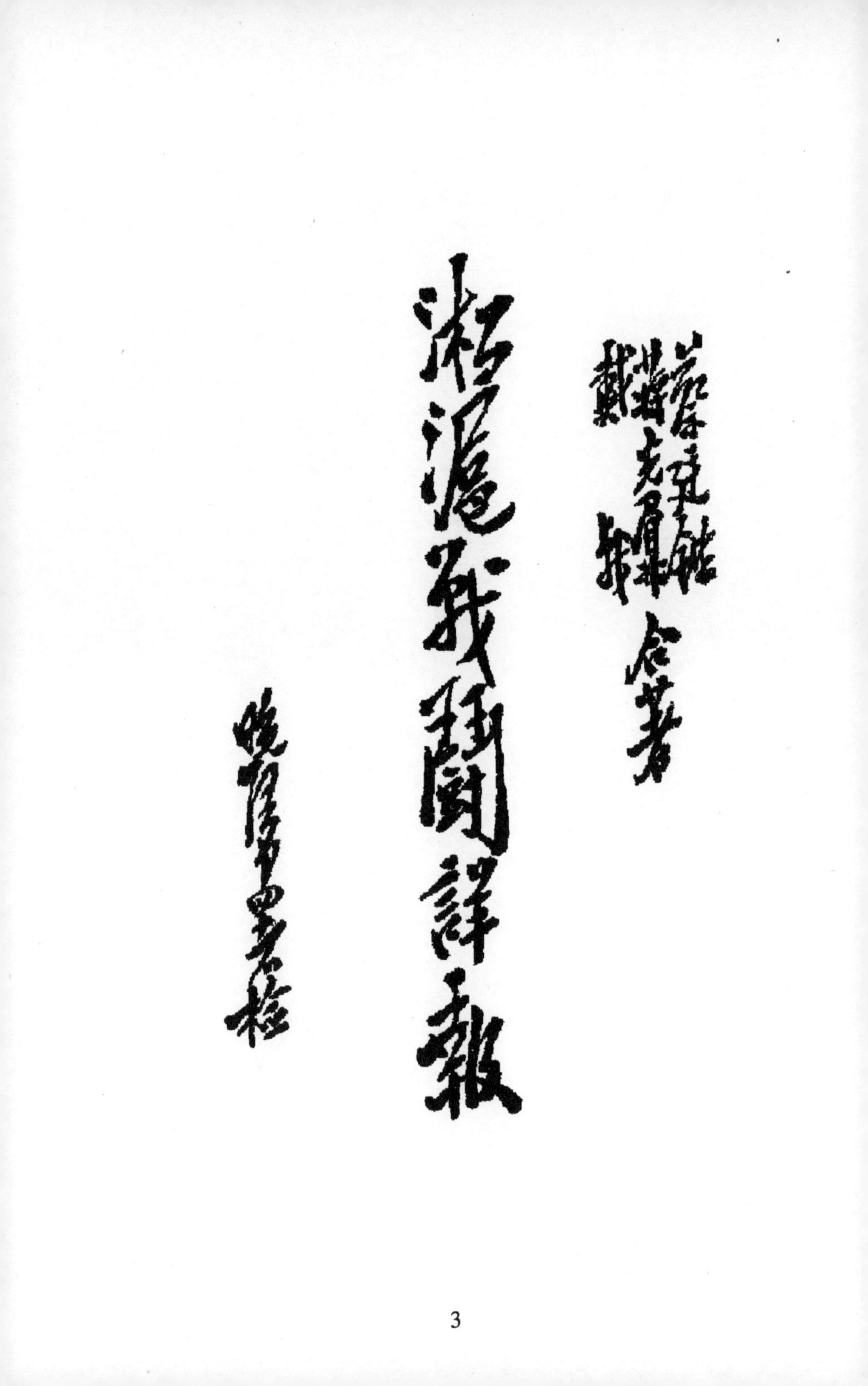

淞滬戰鬥詳報

蔡廷鍇 蔣光鼐 戴戟 合著

晚[illegible]

淞滬抗日戰鬭詳報目錄

第一編　概說

第二編　戰前敵我之狀態

附圖目錄

附表

第一編　概說

第一章　京滬一帶地形之概況

江蘇全省地形長江橫貫中央分為南北二部京滬一帶位居南岸稱為南部常州至江寧間因大茅山山脈錯落其間蜿蜒而成為半山地帶自無錫以南沃野千里湖沼纍纍有如翠盤盛珠河渠交錯則又如錦繡花紋陸則鐵道南達滬杭北通京津水則西逆漢皋東順大海且金陵龍蟠虎踞在昔即為政治之中樞海上轍痕帆影久經成為經濟之重心在軍事上皆為戰略之要點而形成敵方攻擊之目標徒以海防失修敵國軍艦得以馳驟自如於長江致京滬沿線處處均感受威脅蘇滬一帶以湖沼河渠之影響地極低溼工事之構築困難大軍運動尤感不便且上海租界有種種條約之關係敵得資為根據更覺胸腹受創矣

第二章　上海外兵之駐屯

上海以租界之關係各國均藉口保護僑民商業平時已駐相當之兵力遇我國時局不靖則更任意增加或與我國發生外交衝突事件時必增兵威脅在國民革命軍未到滬時各國駐滬軍隊並無固定之

防衛組織至本年上海戰事發生前約九個月英美法日意五國始成立一上海公共租界防務委員會茲將其成立經過並各國軍隊配置辦法及各國駐滬軍出防之經過採錄於後

防衛上海公共租界各國軍隊配置辦法

一、共同防衛之緣起

據探詢所得一九二七年國民革命軍到滬時上海公共租界各國駐滬軍隊並無固定之防衛組織其關於公共租界之防衛事宜不過隨時由各國駐滬軍隊長官互相協商從事其時雖由英軍隊鄧耿少將擔任總司令然彼對於各國駐軍如有調度或其他必需事項時僅可向各軍請求辦理並不能發出直接命令是時日本軍隊行動獨立未受特定辦法限制至工部局之公共租界內命令則由上海公共租界萬國商團總司令發出

二、防務委員會之成立

去年春間上海英美法日意五國駐軍組織一上海公共租界防務委員會成立時並未徵求工部局之同意至成立後工部局始以萬國商團總司令代表之資格參加委員會會議該委員會即商定共同防衛上海公共租界根本原則當時由各國上級官長核定施行該原則內之最重要一項

即將租界轄境以各國僑民之多數居留爲準劃界分區於是日軍聲稱如須彼方加入共同防衛則租界北區（至鐵路爲止並闘虹口與楊樹浦一帶當時亦交由日軍防衛）須交由該軍防衛查上述委員會之組織與其決定之防衛原則始終並未通知我國當局亦從未正式公佈至今仍爲各國間之一種默契章約而已

三、關於此次各國軍隊出防之經過

本年一月二十八日上午九時上海公共租界防務委員會舉行會議並勸諭工部局以時局緊張應有宣佈戒嚴之必要工部局即於同日下午十二時三十分舉行會議決定宣佈戒嚴並於同日下午四時通知上海領事團該團亦於同日四時會議當即通知各國軍隊前往防衛派定之防區（見插圖）

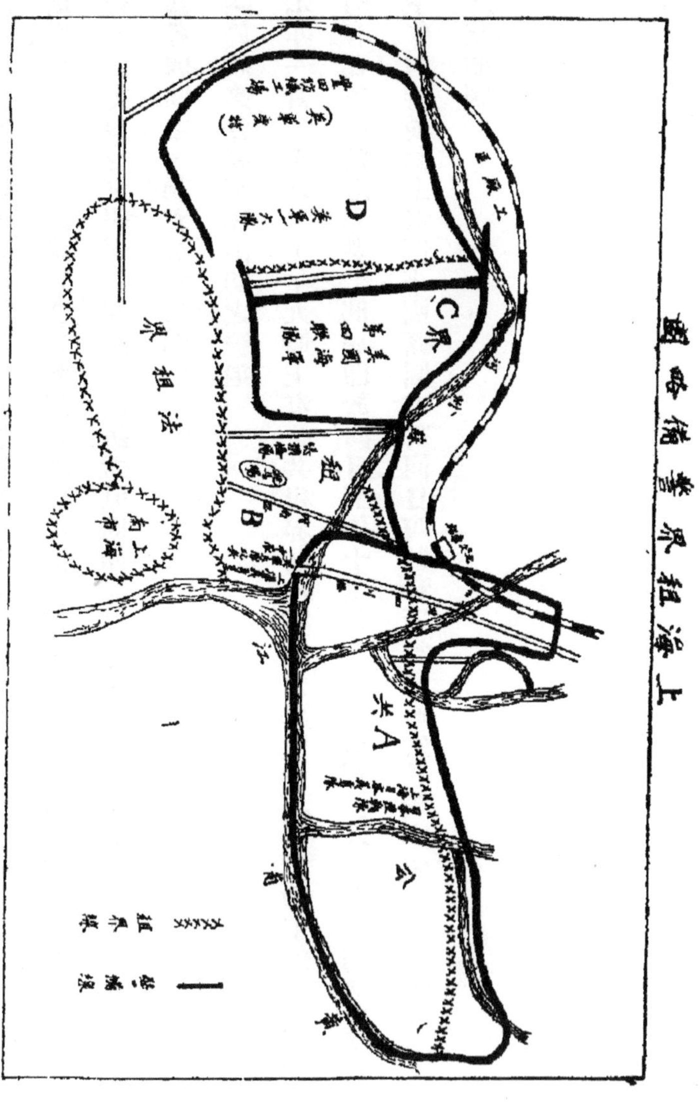
上海租界警備略圖
公共租界
A
B
C
D
法租界
上海南市
警備線
租界線

第三章　本軍衛戍京滬之經過

自去年九一八瀋陽失守遼吉重鎮相繼淪亡舉國軍民悲痛若狂郵電絡繹皆以武力抵抗相勗勵時本軍正在贛州屯駐蓋新殲赤匪主力於高興墟後遄返贛州整理休息未遑然三軍聞耗髮指眥裂政府以本軍連年努力之經過認爲忠實遂寄以畿輔衛戍之重任斯時全國上下一致主張積極抵抗且以京滬重鎮關係黨國安危本軍拜命東下將士興奮踴躍爭先十一月底即全部到達配置於京滬沿線部署方畢而一二八之變以起光鼐廷鍇乃率我哀憤之健兒申守土自衛之大義劍及履及與三島强寇相見於春申江畔矣

第四章　本軍衛戍京滬計劃之策定

本軍奉命衛戍京滬遵照政府之意旨以六十一師控置於金陵鎮江間以七十八師控置於淞滬崑山間六十師則在蘇常一帶各部到達目的地後因長江沿岸抵制仇貨之風潮日形擴大三島工業岌岌不可終日日當局乃大遣艦隊横行長江欲以武力威脅我政府取締愛國國民之杯葛運動本軍以大難當前事變之來恐終不可免與其坐以待斃不如起與周旋勝固民族之幸敗亦足以醒同胞之夢而儆敵輕我之心乃決定方針如左

本軍以衛戍京滬及保障沿線安全之目的對衛戍地區內無論任何處上陸之敵人均取積極之攻勢以撲滅之萬不獲已則利用固有城垣及天然之湖沼以拒止敵人而待國軍南北之來援(附圖第一)基於上述之方針可判斷敵軍以大部陸軍進援金陵爲不可能惟上海則敵可以租界爲依據其大部陸軍可隨時登陸故不能不採積極之攻勢也及滬戰發生此積極攻勢之方針終未能實施則以軍略受政略之影響耳然光鼐以形勢之拘牽不能斷然貫澈此策致使淞滬糜爛終須撤退此爲至堪痛惜者耳

第五章　淞滬戰爭爆發之原因

日本自明治維新以還政治修明科學進步由是生產過剩更兼軍國民教育之實行數十年來造成許多之野心軍閥及政客高唱其國土狹小不足自養之論以鼓勵其國民開疆拓土之心理自以立國島上南有英國領屬與之爭衡北有强俄爲之監視東有富强之美而獨有西鄰尙爲資源豐厚而政治紊亂之老大中國拓土方向捨此莫由故近數十年來捨海就陸之政策已成爲日本傳統之國策然苦於列强相互間之牽制未能盡其所欲且羽毛未豐尙未敢悍然橫行自日俄戰後其野心已畢露於世後更利用歐戰之機一躍而爲一等强國而其蠶食東亞之野心乃日積而日大矣彼日人廿年來接濟中

國軍閥賊使其自相殘殺使彼得殫精竭慮經營東北及一九三零年以來歐美經濟衰落自顧不暇之際而中國又連年兵禍民不聊生去年之水災遍全國更爲近千年未有之巨患救災卹鄰此爲人類同有之良心而彼則覺乘機打刼於是九一八之戰作矣

一二八之上海戰爭其遠因爲東北事件蓋國民哀東北之淪亡起而作杯葛運動以經濟絕交促暴日軍閥之覺悟弱小國民之心理亦可悲矣上海爲中國之最大商埠我國經濟之重心地也杯葛運動一足以號召全國再則足以制島國人民之死命此種偉大光明之愛國行動固未嘗越出條約及國法之範圍我國政府自不能加以禁止況政府自行壓迫其民衆之愛國運動尤爲千古無此先例然彼島國軍閥之心理則別具肺腑借保僑之名增兵浦江密縱浪人四出焚刼反向我上海市政府提出絕滅公理正義之四條件欲我市政府肉袒牽羊以承認之後復更進一步要求我軍在國土內再行撤退二十公里其決心引起戰禍之企圖完全暴露假令我軍當時再由閘北撤退彼必更有進一步之要求否則市府之四條件已完全承認其所謂護商保僑之目的已達胡乃節外生枝使戰禍終於不能避免其狡猾陰險之謀欲於國聯調查團未抵東方之前再起軒然大波以轉移國聯之視線而以胸腹之間威脅我政府耳吾人可斷然曰上海戰事爆發之近因完全爲暴日軍閥武力鯨吞中國之支動作日僧事件

及抵貨運動不過如中村失踪及滿鐵被毀爲其同一自燃之導火線耳

（附圖第一）

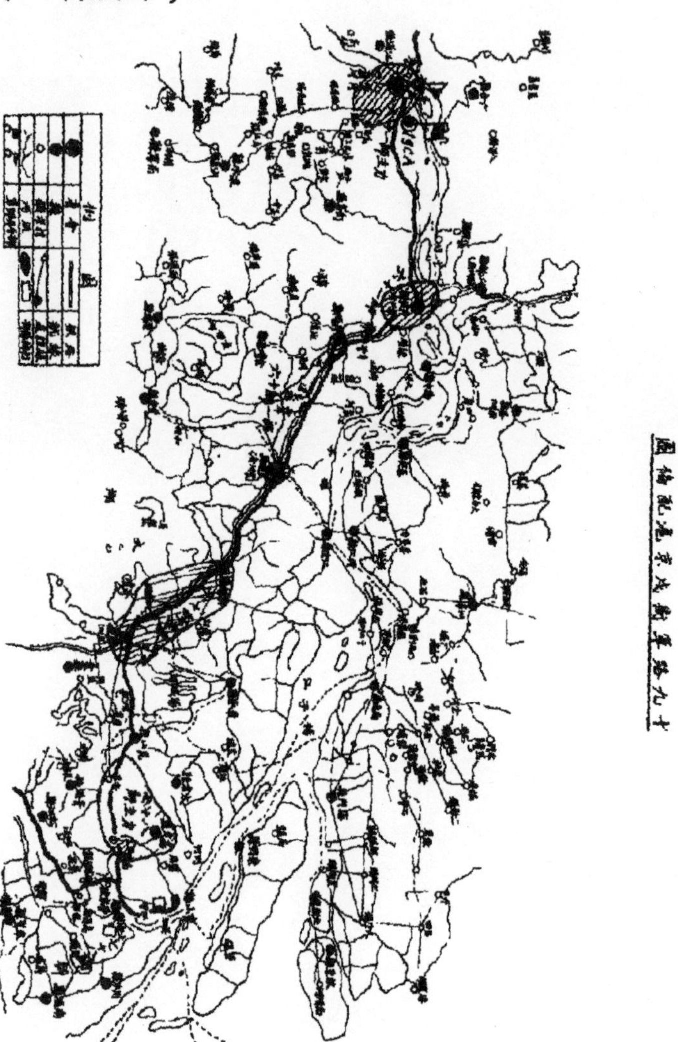

第二編　戰前敵我之狀態

第六章　上海日兵之駐屯及行動

自東北事件發生後暴日軍閥作惡心虛在吾國通商各口岸商埠一再增兵及貯備械彈借口護僑其實不外利用此各處之租界爲擾亂之根據耳天津上海北平漢口各埠調兵運械以示威脅彼蓋利用我國人畏葸心理滿以爲在東北既可陳兵耀武唾手而得三省今茍以此種手段施之通商大埠亦必能達到禁遏抵貨風潮再進而可要求新權利中華民族脆薄之心茲直不堪其鼙鼓之一震耳故至十一月二十三日在上海之日陸戰隊已增至二千餘人其司令部及主力駐江灣路八百名駐倍開爾路戈登路及梵王渡約二百名貯備械彈足供三千人之用且常派武裝巡查隊在日僑區域內巡行示威指使浪人四出暴動以爲增兵之借口一月十日乃有日僧五名道經馬玉山路三友毛巾廠爲日浪人指使之暴徒圍毆重傷之事件發生局勢遂日益嚴重一月二十六日浪人暴徒焚搶引翔港三友實業社翌日日領反向我市政府提出絕無公理之四條件要求取締抗日運動幷解散各抗日團體封閉報館繼則請其政府令佐世保及吳軍港之艦隊動員幷增派陸戰隊來滬至二十七日日艦及陸戰隊已

到達上海乃有限翌日下午六時圓滿答覆四條件之嚴重要求統計一月二十八日事變前在滬日艦二十四艘海軍陸戰隊三千四百餘人在鄉軍人及便衣隊二千餘人飛機三十餘架市政府果被其威脅而屈服於一月二十八下午二時含羞忍痛發出承認四條件之牒文我淞滬防軍橫吞血淚準備移防之際日海軍司令鹽澤幸一以爲畢生立功之機會萬不可放過遂於一月二十八日午後八時又發出最後通牒要求我軍卽退出閘北以爲必能如願以償且有四小時可解決閘北我軍之豪語而不知竟成世界兵學家之笑柄此豈鹽澤當時所及料者哉

第七章　淞滬一帶我軍之警備情形

先是本軍七十八師於十一月二十二日先後由贛到達上海南翔附近歸淞滬警備司令熊式輝指揮當日該師接熊司令遵照蔣總司令尤午參電意旨所擬之淞滬軍警緊急處置計劃除閘北情形複雜該師情形不熟仍由稅警第一團衛戍外至二十五日接防完畢其兵力部署如左

一、師部率直屬隊移駐南翔

二、第一五五旅之第一團駐吳淞歸要塞司令鄧振銓指揮

第二團駐南市由該團派第一營駐浦東第三營駐龍華及虹橋團部率直屬隊及第二營駐高昌

廟

三、第一五六旅旅部率第五團駐嘉定由該團派第三營駐瀏河羅店第四團駐南翔由該團派第二營駐眞茹鎮

附圖第二其一

自該師到達上海佈防後敵兵多方挑釁遊行示威我軍仍本不爲戎首之旨只嚴密警戒免爲所乘而已至十二月十三日該師遵照熊司令之淞滬警備計劃兵力從新部署如左

一、吳淞要塞區　本區除各砲台由要塞守備營擔任警備外其餘由第一團擔任警備歸鄧司令振銓指揮

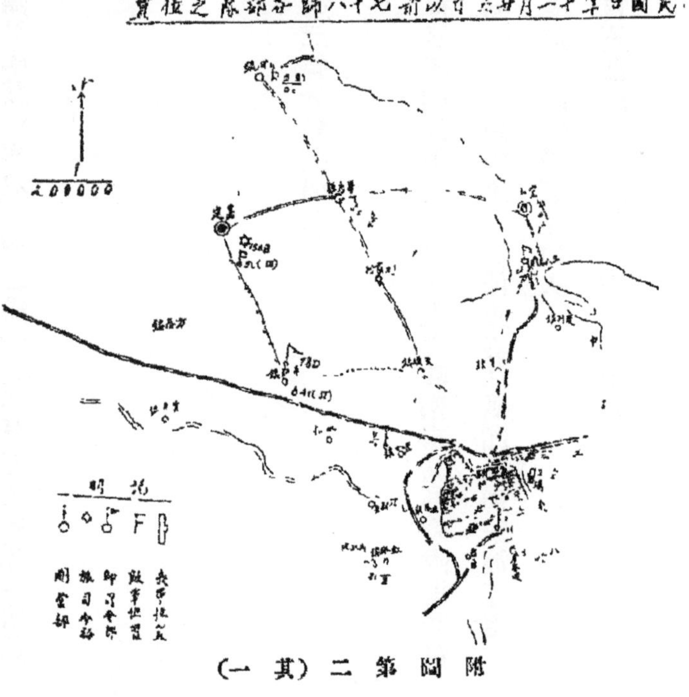

附圖第二（其一）

二、滬西區　本區由第一五五旅（缺兩團又兩營）率第三團之第一營擔任警備指揮官黃旅長固駐眞茹

其餘主力分駐本區如左之地帶

1. 師部率直屬隊及第四團駐南翔鎭

2. 第三團（缺第一營）駐崑山

3. 第一五六旅旅部率第五團駐嘉定派第三營分駐瀏河及羅店

4. 第六團駐太倉

三、滬南區　本區由第二團擔任警備指揮官謝團長琼生團部率主力駐南市高昌廟附近派第三營駐龍華分一連駐虹橋飛機場另派第一營（缺兩連）駐浦東春江碼頭及周家渡等處

四、滬北區　仍由稅警第一團擔任警備至於各區警備劃分如次

1. 吳淞要塞區以吳淞及獅子林爲核心自黃浦江蘊藻浜以北泗塘以東亙月浦鎭（在內）直北至長江之線屬之

2. 滬北區上海租界線以北吳淞要塞區之西南滬太長途汽車道（含大場）以東各地屬之

3. 滬西區滬北區之西南上海租界線以西徐家匯（不在內）虹橋鎮（不在內）之線以北各地屬之

4. 滬南區上海租界線及滬西區以南及浦東沿江各地屬之

附圖第二其二

二十一年一月四日我在閘北佈防之稅警第一團須集中嘉興改編所遺防務於六日由一五六旅派第六團前往接替該團部率第三營在閘北佈防一二兩營控置於大場一五六旅旅部亦移駐大場就近指揮至一月十一日該師爲便利指揮計從新區分各旅之警備區域如左

一、鐵道以南至南市之線歸一五五旅擔任警戒（鐵道屬之）鐵道以北（由暨南大學北端起）

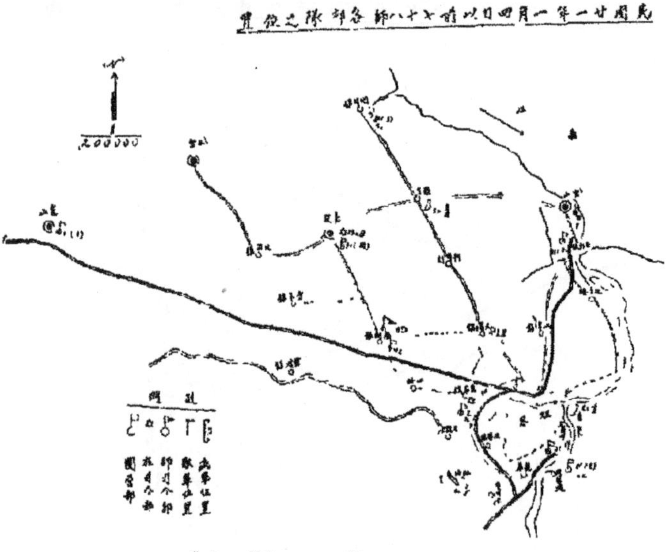

民國廿一年一月四日以前七十八師各部隊之位置

附圖第二（其二）

至劉河吳淞之線歸一五六旅擔任警戒

二、各部務於一月十三日開始調動十五日以前接防完畢併將接防情形及警戒配備詳細備文繪圖具報

三、各部接交時第一團雲團長先率兩營接替南市龍華第二團之警戒第二團即開駐南翔至於浦東之一營須候原駐南翔之第四團到達吳淞接防後第一團吳淞之一營開浦東接替該營防務後即開駐江橋

其餘各部署仍舊

附圖第二其三

自一月十日日僧在馬玉山路被日浪人指使暴徒毆傷及二十日日浪人焚燒我引翔港三友實業社工廠

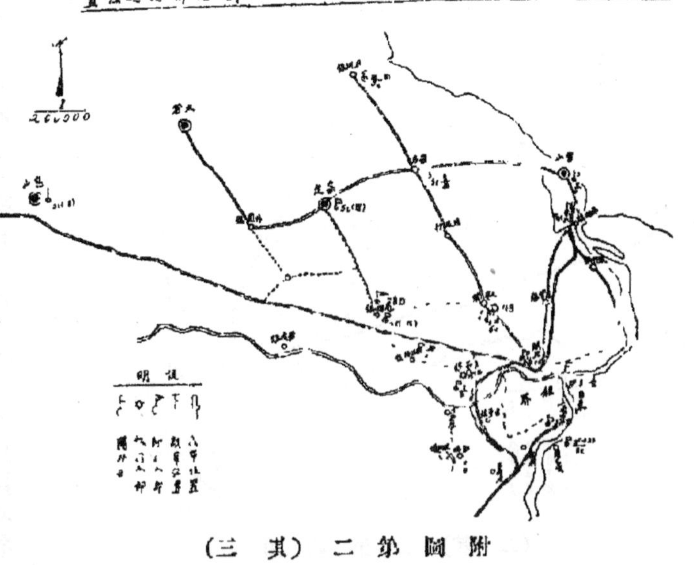

附圖第二（其三）

幷搗燬北四川路一帶我國商店後局勢嚴重國民熱血俱沸三軍士氣如虹雖雪冰凛冽然我將士皆倚劍狂歌誓不爲敵所屈光鼐適養病深山一時不及回防幸蔡軍長廷鍇會同戴司令戟臨危授命毅然專行共精忠黨國民族之精神貫乎日月共一月二十三日午後二時三十分之對所部下極密命令如左

極密令 一月廿三日下午二時三十分於龍華警備司令部

一、據報日方現派大批艦隊來滬有向我政府威逼取締愛國運動並有自由行動之企圖

二、我軍以守衛國土克盡軍人天職之目的嚴密戒備如日本軍隊確實向我駐地部隊攻擊時應以全力撲滅之

三、七十八師第一五六旅擔任京滬鐵道以北至吳淞寶山之線扼要佔領陣地

四、七十八師第一五五旅擔任京滬鐵道線（在內）以南至虹橋漕河涇之線（南市龍華之團就在原地）扼要佔領陣地

五、吳淞要塞司令率原有部隊固守

六、鐵道砲隊及北站之憲兵營歸七十八師第六團團長張君嵩指揮

七、丹陽六十師之黃國限明（廿四）日開至南翔附近待命外其餘沈毛各師爲總預備隊在原地候命

八、各區警察及保衞團受各該地軍隊高級指揮官之指揮

九、本軍長 本司令 在 眞茹 龍華

注意

一、除日軍外對於各國軍隊及巡捕務須避免衝突

二、對於租界及各國在華界之工廠教堂房產人民務須格外保護

三、我軍不可侵入租界線以內

四、此項密令須祕密保管對於警察及保衞團無須轉達必要時逕令知受某部隊指揮足矣

五、七十八師將部隊配備情形繪圖呈報

六、如有日本浪人挑釁由警察辦理軍隊不必干涉

同時電令南京總部派出一部幕僚至眞茹組織行營以便指揮

[illegible]兵力部署如左

一、第一五五旅旅部是日正午移駐北新涇

二、第一團仍扼守南市龍華浦東一帶

三、第二團團部率一二兩營移駐北新涇第一營派出一排駐薛家庫一連駐金更對周家橋施行警戒該營擔任構築左自蘇州河南岸白利南路起右至小金更止之工事第二營派出一連駐陳家橋扼守虹橋路對上海市施行警戒該營擔任構築左接第一營亙麥克路右至南龔家宅虹橋路止之工事第三營移駐虹橋對上海施行警戒擔任構築左接第二營右至虹橋鎮止之工事

四、第三團全團移駐眞茹鎮

五、第四團第三營位置於蘊藻浜亙黃浦江口沿岸第一營扼守砲台灣第二營駐寶山城均構築强固工事

六、第五團除留第一連擔任瀏河之警戒外其餘推進至大場鎮並令第二營推進至江灣方面之廣肇山莊附近施行嚴密警戒

七、第六團駐大場之第一二兩營推進至閘北後卽由閘北京滬路北站起沿淞滬路之寶山路——

虬江路——中興路——天通庵路——青雲路等各路口至八字橋止構築防禦工事並預定該地帶爲第一抵抗線由會文路至朱公園路之線爲第二抵抗線

除憲兵營固守北站鐵道砲隊仍在原地準備候命外其餘該團第二營扼守由八字橋至天通庵車站附近之線第一營扼守寶山路亘虬江路之線第三營之一連協同憲兵營扼守北站其餘暨團部位置於太陽廟附近

附圖第二其四

二十五日七十八師司令部由南翔進駐眞茹同時該師令第五團派第七連駐守國際無線電台二十八日由戴司令撥八十八師小砲第十連至大場歸該師一五六旅旅長翁照垣指揮擔任防空

二十八日午後上海市政府遵政府之訓令忍辱承認四條件當由戴司令密令七十八師其命令要旨如左

一、奉參謀部長朱軍政部長何感午參電開查上海閘北一帶防務已令憲兵一團卽日開往擔任所有該地之七十八師部隊着卽移駐眞茹南翔希將辦理情形具報爲要又准憲兵谷司令感午電開已派憲兵第六團準於明（廿八）日晨到滬接防各等因

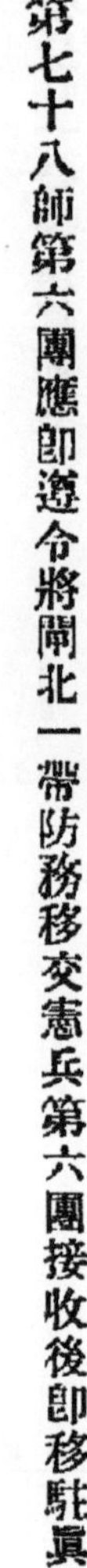

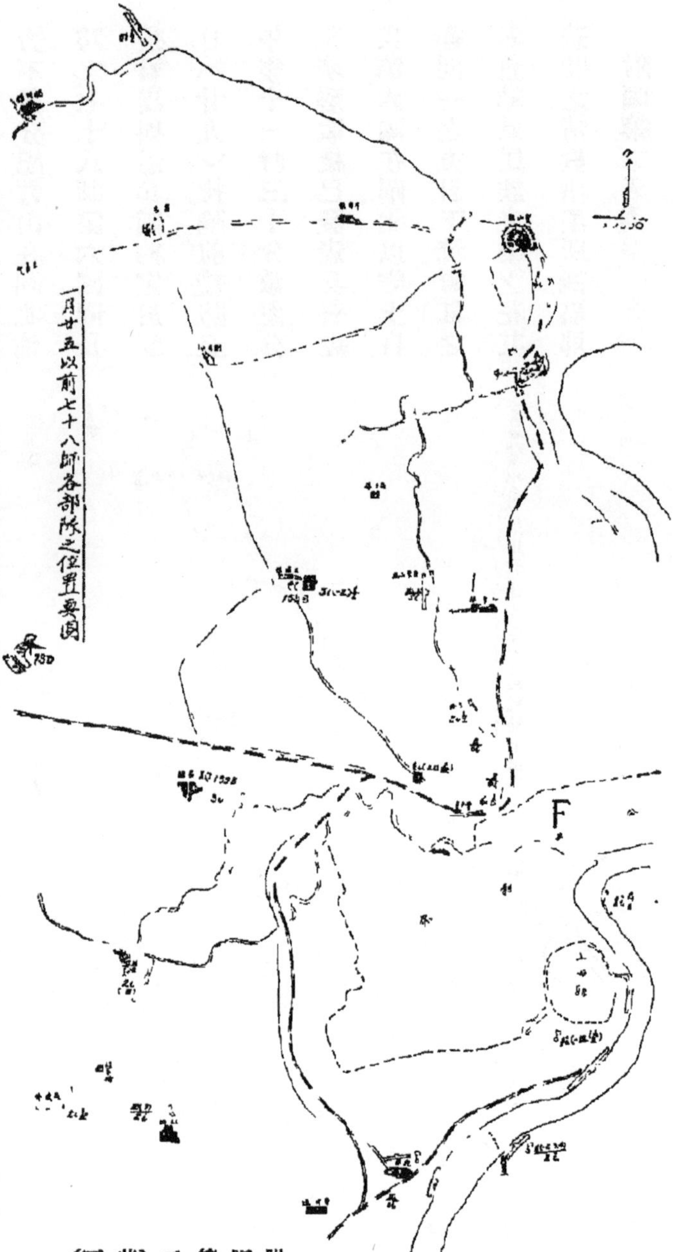

附圖第二(其四)

二、第七十八師第六團應即遵令將閘北一帶防務移交憲兵第六團接收後即移駐眞茹或南翔附近二十八日午後八時憲兵第六團只有一營到達眞茹兵力不敷分配當由在閘北佈防之七十八師第六團團長張君嵩與憲兵團約定於翌日（廿九）拂曉前接防至午後十一時三十分敵忽分路來襲戰機已發憲兵營遂與第六團在閘北以守土自衛同一之方針下流鮮紅之赤血結成民族光榮之花其悲壯之情豈楮墨所能盡耶

附圖第二其五

一月廿八日以前閘北附近我軍警戒配備要圖

說明

我軍位置

敵軍位置

1/22000

附圖第二（其五）

第八章　敵軍動員概況

上海戰事發生以前本軍未設對外之諜報機關卽參謀本部亦寂然無聞故日軍之動員情形殊欠明瞭此固因財政上之關係要亦國人晏安日久有如燕住燎堂疑爲紅日僅游溫鼎誤認春江未雨綢繆之義士大夫忘之久矣茲篇所述爲報章殘稿及第九師團戰記所載未敢盡云確實但仍足供吾人之參考也

據七十八師戰鬭詳報一月二十一日第二款記載云有大批日艦將來滬威脅我政府取締抗日運動二十三記載云（一）日外相芳澤海相大角討論上海事件應急辦結主張取適切辦法并商定一切事端悉由駐華艦隊司令鹽澤負責辦理（二）日吳軍港軍艦若干艘於本日駛來上海（三）日艦六艘及飛機一隊今日到滬

二十五日記載云日本有大批艦隊及航空母艦到滬

二十八日（八）記載云本日上午進口日艦計巡洋艦夕張號一艘驅逐艦十二艘均泊三夾水統計到滬日艦共二十四艘

綜上之記載吾人可判斷日海軍之動員日期一小部在一月十五左右大部在一月二十日左右統編

爲第二遣外艦隊以鹽澤爲司令其增援之特別陸戰隊似在開戰後即應急動員至三十一日有二千人抵滬二月一日有千人抵滬

第三遣外艦隊於二月三(四)日動員係將派在中國南方各艦編組以海軍中將野村吉三郎爲司令官乘旗艦出雲於六日到滬海陸軍歸其指揮

金澤第九師團及久留米第二十四混成旅團係二月二日動員二十四混成旅團則係應急動員爲該師之先遣部隊五六七三日先後到達上海在楊樹浦一帶登陸

第九師團至八日動員完畢八九日陸續到達廣島分二梯團於十日十一日乘運輸船出發其主力之第一梯團於十三午後六時到上海十四日晨登陸第二梯團十四日抵滬十五日亦登陸完畢第九師團長植由謙吉爲軍司令官統一海陸軍之指揮

第十一師團十四師團之動員日期不詳二月十九日已在待機姿勢則其動員已完畢可知矣按第九師團動員爲七天則在二月十二日左右已動員矣二月二十七八第十一第十四兩師團先後到達吳淞口外新派之軍司令官白川義則於二月二十八日抵滬三月一日登陸

第八師團之兩聯隊其動員及到達日期不詳係增援第九師團正面戰後始發覺有第八師團之部隊

第九章　我軍之動員順序

我國軍隊平戰兩時之編制相同本無所謂動員然在某種時期亦有若干之作戰準備今亦稱之曰動員一月二十三日下午二時三十分蔡軍長戴司令會銜所下之極密命令可爲本軍之動員令

七十八師於一月二十五日完畢一般之作戰準備其主力已集結於北新涇大場之間取待機姿勢

六十師第一團應急動員於二十四日開抵南翔待命

憲兵第六團於二十八夜到達眞茹

六十師於一月二十八日以前完畢一般之作戰準備二十九午前三時令其推進南翔當於該日正午集結於南翔南北端待命

總部職員除少數留南京外二十九夜出發三十日午前十一時到達眞茹

六十一師於一月二十八以前完畢一般之作戰準備二十九日午前三時令該師以一旅兵力即到黃渡車站集中待命該師當令一二二旅張旅長炎率二四六三團於二十九夜出發三十晨到黃渡集結三十晚推進南翔該師主力因南京鎭江防務尙須交代至二月五日集結南翔

第八十七、八十八兩師於二月二日動員八十七師先接南京鎭江間之防務

八十八師集結蘇州歸本路軍指揮該師於五日先後到達蘇州集結待命

八十七師二六一旅於五日令其向崑山出動歸俞師長指揮六日出發七日到達崑山待命

八十八師獨立旅（即稅警總團）第二團於六日由松江出動七日到達虹橋北新涇之線旅部及第一團於九日出動十一二日到達南市龍華北新涇之線

二月十四日軍政部任命張治中爲第五軍軍長率八十七、八十八兩師歸本路軍指揮參加抗日戰爭除八十八師及二六一旅已於八日到達南翔外八十七師二百五十九旅亦於十五日到達南翔張軍長治中於十六日午後十時率軍部幕僚及直屬隊到達南翔

二月二十六日蔣委員長令上官雲相派兵一團擔任前線工作至二十九該師第四團始到達崑山至三月一日該師主力到達崑山

飛機隊第六七兩隊二月四日已動員惟至戰局終結未見到達粵飛機由丁隊長紀徐統率於二月十六到京十八抵蘇

第三編 戰役之經過

第十章 閘北巷戰之役

一月二十八日

天候 晴和

總部行營駐眞茹鎭

情況

午後二時我上海市政府承認日本四條件要求之覆牒發出日本在滬之外交當局收到此項覆牒後表示滿意而日軍仍着着向我備戰租界各國駐軍均出動至午後十一時十分戴司令戟以電話令七十八師：

據報敵有佔我閘北之企圖擬於本晚向我襲擊着飭所屬嚴密戒備

判決

敵人欲乘我七十八師第六團與憲兵第六團交替閘北防務之際向我襲擊企圖佔領閘北

緊急處置

一、除由戴司令用電話令知七十八師嚴密警備外並由區師長令翁旅長照垣馳赴閘北巡視着第六團進入陣地第五團固守原地相機策應第六團由翁旅長督飭在閘北之憲兵保衛團警擇地戒備並令黃旅長固轉飭第一團監視黃浦江之敵艦第二團嚴密警戒滬西

二、警備司令部撥來高射砲四門交翁旅長以二門使用於閘北二門在國際電台

三、令六十師一一九旅第一團由南翔推進眞茹策應

戰況

十一時十分左右敵在北四川路天通庵車站一帶集合至十一時三十分敵約千餘用裝甲車掩護分向我第六團第一營正面之虬江路口寳興路口廣東街口襲擊同時敵六七百人用裝甲車掩護分向我第二營正面横浜路天通庵路靑雲路襲擊並到處起火焚燒商店雙方相距百米內我軍奮勇應戰以手榴彈毁敵装甲車四輛敵兵失據死傷數百退去我方死傷亦大

二十九日

天候　上午晴下午微雨

總部行營駐眞茹鎮

情況

由午前一時起至拂曉及午後夜深敵不斷向我閘北一帶攻擊並用飛機轟炸我前後方到處起火

判決

敵繼續向我閘北猛攻

處置

一、令七十八師翁旅極力應戰並撥六十師第一團歸其指揮

二、午前三時令六十師限本日集中南翔候命

蔡軍長致沈師長之醞子電云該師除留少數部隊維持原駐地治安外主力即開南翔附近候命

三、午前三時令六十一師張炎旅於夜間出發三十晨到黃渡集結待命該師主力迅將南京鎮江防務交代後集結南翔待命

蔡軍長藏司令致毛師長儉亥電云本晚十一時半閘北方面日軍來襲已開火仰即搜集車輛待命出發

又豔寅電云着卽派步兵一旅尅日乘車來黃渡車站附近集結待命並就近請示司令長官爲要

蔡軍長致毛師長豔酉電云（一）閘北仍在巷戰（二）張炎旅須於夜間運送以避敵飛機轟炸何時開動盼覆（三）接趙處長來電京防由警衛軍接替考三兄全部來前方同生死

四、令總部重要幕僚除留少數在京外速到眞茹

蔡軍長致趙處長豔午電云

兄卽率總部職員來眞茹同生死

戰況

午前一時四十分敵增加至二千三四百人仍分由虬江路口廣東街口寶興路口天通庵路橫浜路青雲路以裝甲車掩護向我第六團一二營正面猛攻第三營陸續增加激戰約二小時餘街口工事多被衝破我將士仍潛伏屋內以手榴彈猛擲敵裝甲車毀其五架敵死傷三百餘始引退第五團增援隊由大塲到達當卽在第六團左翼向八字橋延伸至拂曉時敵飛機紛向我閘北轟炸到處火起同時以裝甲車掩護步兵猛攻經我第五六兩團一再逆襲後敵又潰退而去至午前十時敵又大舉來攻集中砲火用燒夷彈向我方猛攻飛機則在空擲彈而我商務印書館及其所附設藏書最富之東方圖書館暨所藏多數海內孤本均付之一炬此又爲吾國文化上最大之損失此時戰鬬益劇除憲兵六團第一營

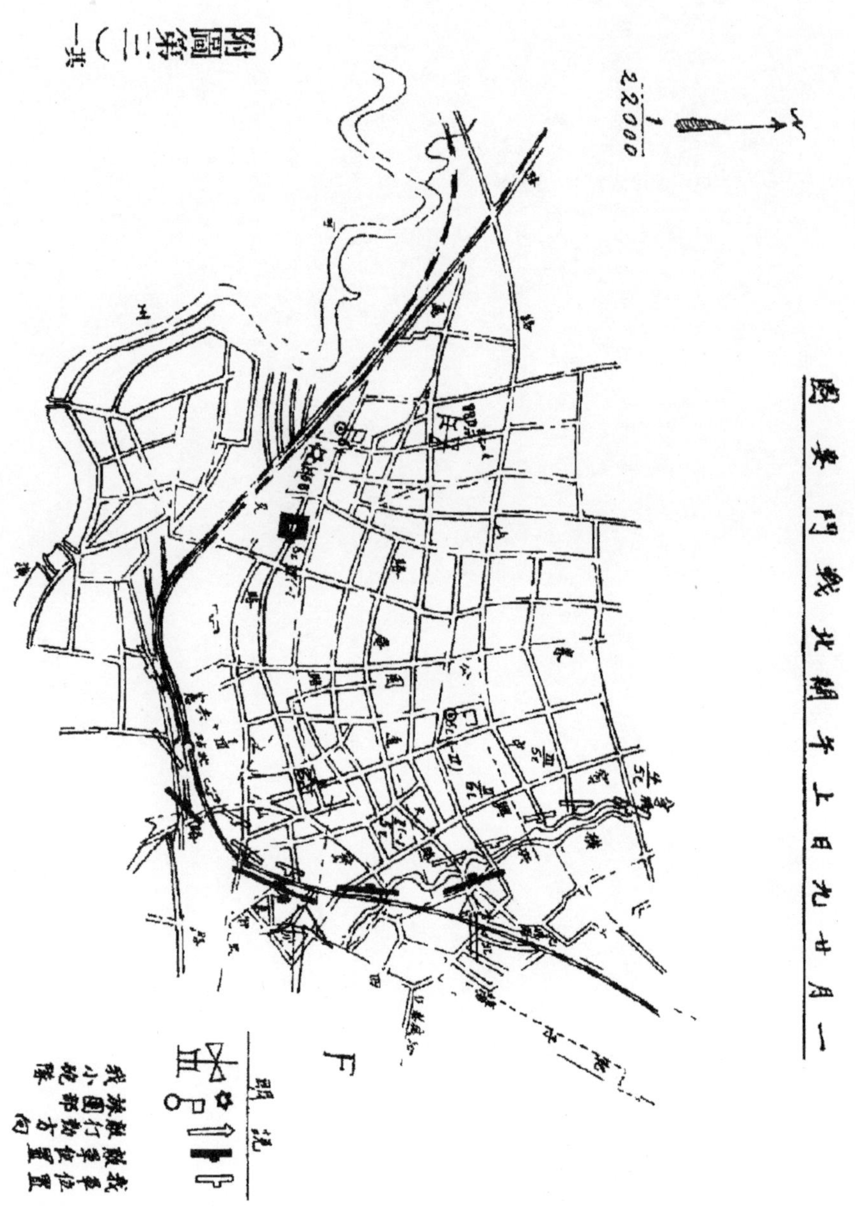

（附圖第三）其一

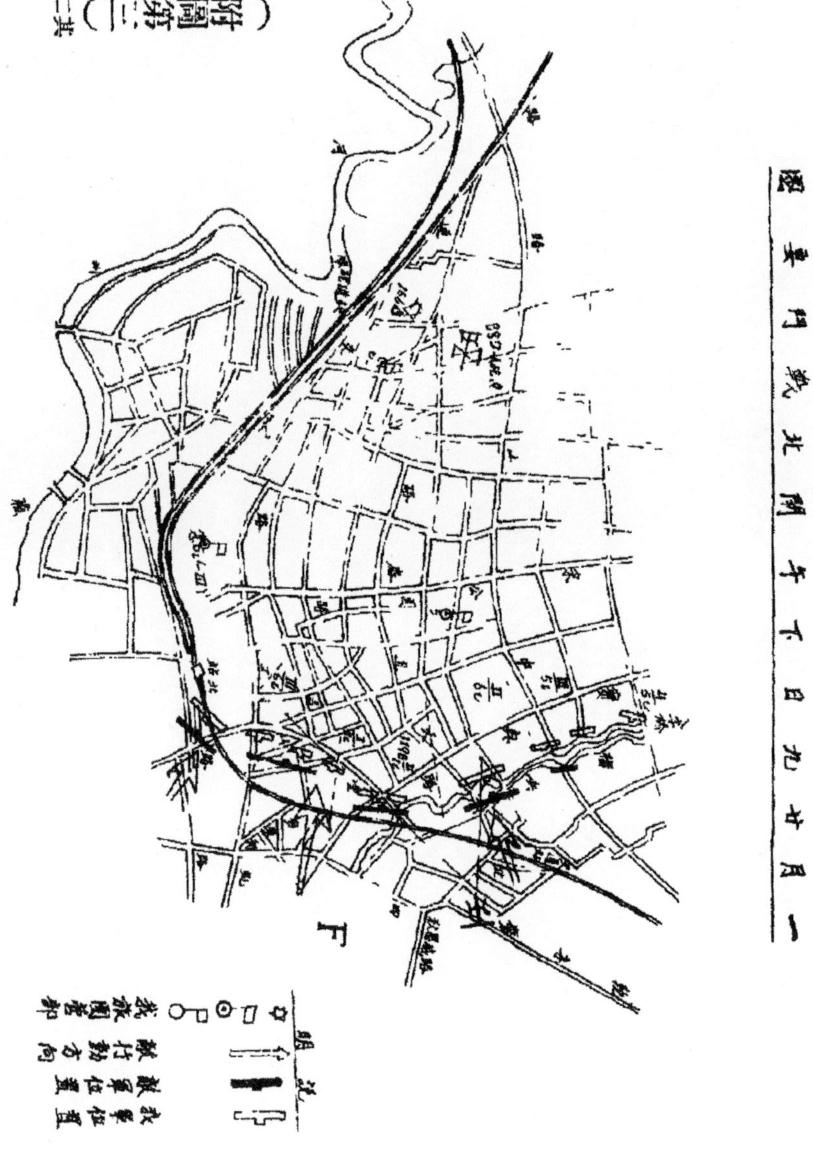

(附圖第三)其二

增加北站應戰外六十師第一團第一營亦增加閘北歸翁旅長指揮至入黑後敵又撤退至八時因英美各國使領之調停着即令前線停止射擊遂入於休戰對峙狀態然敵殊狡猾不斷向我射擊疲勞我軍而我軍除嚴陣以待外絕不還槍及午後十時其大部來衛當即痛擊敵又退去翁旅長照逗具申請轉取攻勢肅淸租界外敵軍之意見因正在調停停戰中未採用（見附圖第三其一）

附電

蔣總指揮蔡軍長戴司令豔子通電

暴日佔我東北三省版圖變色國族垂亡最近更在上海殺人放火浪人四出極世界卑劣兇暴之舉動無所不至而砲艦紛來陸戰隊全數登岸竟於二十八夜十二時在上海閘北公然侵我防線向我挑釁光鼐等分屬軍人惟知正當防衛捍患守土是其天職尺地寸草不能放棄爲救國保種而抵抗雖犧牲至一人一彈絕不退縮以喪失中華民國軍人之人格此物此志質天日而昭世界我炎黃祖宗在天之靈實式憑之十九路總指揮蔣光鼐十九軍軍長蔡廷鍇淞滬警備司令戴戟仝叩豔子

蔡軍長呈　陳司令長官豔巳電如左

一、儉亥日陸戰隊及居留民數千由閘北寶山路分向我防區猛攻至曉毀敵裝甲車五架我傷亡百

餘仍對峙今晨敵機來擲彈

二、即向軍政部請撥電站三分站以便配屬沈師及總部

蔡軍長呈　何朱兩部長陳司令長官豔酉電

南京何朱部長陳司令長官日軍自儉亥來侵閘北防地戰鬭異常劇烈經區師極力擊退今晨敵飛機沿北站眞茹之線轟炸我軍及商民損失甚鉅請飭調飛機及高射砲來眞茹以資應敵

三十日

天候　晴寒

總部駐眞茹鎭

情況一

二十九夜英美領出任調停本日停戰並派區師長壽年代表出席停戰會議總部職員於正午抵眞茹

情況二

據西人方面傳出消息日方已動員兩師團其應急動員之海軍陸戰隊及特別陸戰隊已有二千餘人登陸其大部明後日即可抵滬

情況三

一、六十一師一二二旅到達南翔

二、鎮江以東地區之警備由本軍（欠六一師之兩團）擔任以西及浦口由八十七師擔任

三、上海和戰外交由吳市長與光鼐協同商行之軍事由光鼐便宜處理

四、蔣委員中正通電抗日

判決

敵人停戰會議係希望得時間之餘裕而待援軍之到達

處置

一、以電話令六十師一一九旅推進大場

二、六十師（欠一一九旅）推進江橋鎮

戰況

昨十點以後至今晨以前我方按照調人要求停止射擊而敵仍不斷以砲火焚燒我商店至天明後仍不時向我方施放冷槍而飛機更不斷向我閘北大場眞茹南翔一帶偵察

附電

奉 何朱部長卅丑電令開 京滬警備地區更正如左 一、鎭江以東由十九路軍（欠六十一師）擔任警備 二、鎭江以西及浦口附近由八十七師及六十一師兩師擔任警備但六十一師之兩團待八十八師到京後歸還建制 三、餘照銑電辦理等因

奉 何部長卅亥電令開 國府重要人員爲應付時局便利起見本日渡江應欽等照常在京維持餘詳另電今後滬上停戰與否由吳市長與蔣總指揮按外交情形協同作戰部署由蔣總指揮適應情況便宜處理雙方聯絡務期密切情況處置等因

奉 蔣委員中正卅通電開 東北事變肇始迄今中央爲避免戰禍保全國脈起見故不惜忍辱負重保持和平期以公理與正義促暴日之覺悟不意我愈忍讓彼愈蠻橫滬案事發對其要求已茹痛接受而暴日仍然相逼一再向我上海防軍突擊轟炸民房擲彈衢市同胞慘遭蹂躪國亡即在目前凡有血氣寧能再忍我十九路軍將士已起而爲忠勇之自衛我全國革命將士處此國亡種滅禍迫燃眉之時皆應爲國家爭人格爲民族爭生存爲革命盡責任抱寧爲玉碎毋爲瓦全之決心以與此破壞和平蔑棄信義之暴日相周旋中正與諸同志久共患難今身雖在野猶願與諸將士誓同生死盡我天職特

本血誠先行電告務各淬勵奮發敵愾同仇勿作虛浮之豪氣保持犧牲之精神枕戈待命以挽危亡黨國幸甚

蔡軍長呈　何朱兩部長陳司令長官陷辰電云

（銜略）豔晚我軍順各使領之請八時停止射擊日軍仍肆意進攻焚燬商店我軍奮勇抵抗敵不得逞今晨戰況稍沉寂

三十一日

天候　微雨寒冷

總部駐眞茹

情況

一、敵人乘停戰機會在其陣地前方構築工事並派出十五架飛機向我示威及偵察

二、確報敵艦四艘及陸戰隊五百登陸又云該陸戰隊二千本日登陸計在滬日軍七千名其配置如左

（一）虹口及北四川路一帶五千名

(二)各日本紗廠一千四百名

(三)其他臨時勤務六百名

三、本日停戰會議無結果只宣佈停戰三天由雙方請示政府外交方面歐美各國均同情於我國

判決

敵和議無誠意要求停戰三天爲得時間之餘裕以候其援軍之到達

處置

一、令各部嚴陣以待努力構築工事

二、令小砲連命令如左

直接指揮之小砲連明(一)日午前九時用車輛輸送至大場轉赴吳淞歸一五六旅第四團鍾團長經瑞指揮該連派出眞茹無線電台之一門着卽歸還建制另由七十八師指揮之小砲連派出一門接防該台之警戒任務

戰況

本日敵未向我進攻僅有稀疎之冷槍向我方射擊

附電

奉　陳司令長官世電令開　（一）在租界地外之日軍應相機消滅之（二）憬兄統率擊敵之部隊已由參部令知在敵增援之陸軍未到以前須預定其登陸地點到時力阻其登陸如敵增援陸軍之量數探明超過我軍時當候令進止（三）軍委會即日成立以後當隨時指示機宜（四）在外交上視作局部問題方為有利而在軍事上則中央已具決全局應戰之決心惟調集大軍不易此時惟有準備光榮之犧牲切不可輕作退後之辱也

又世申電令　（一）據南京外國公使方面消息我軍迫日寇入租界時流彈有飛至英國守兵防線內望嚴飭部下注意尤須防中倭寇奸計誘我與各國守兵衝突切囑（二）如以各國守兵作緩衝地帶之議能實現甚好（三）對俘虜須依照國際公法處理切勿虐待（四）機關槍補充十挺即解去（五）京鎮部隊因接防未到未能開拔暫時留京轉易指導也

又世酉電令　（一）頃見某公使及各國僑民均稱讚我軍激烈表同情於我方國聯已允執行第十七條派調查團在滬調查外交有轉機可見惟勇敢惟犧牲方有外交可談馬占山有受屈之訊全國無軍人矣為民族爭一篇光榮歷史非弟等尚誰望哉望益磨厲以須聞日方現願停戰三日請示其政府

我方純係正當自衞而戰自應一本初旨彼不犯我我不犯彼惟此三天內最須嚴緊注意者數事(1)設法制止流氓闖入租界或冒充本軍之名義(2)訓誡全體官兵須嚴守國際文明紀律並愼勿挑釁(3)積極就原陣地及各重要陣地加築工事尤其第一線工事不可輕易放棄(4)在此三日間應刻刻嚴防暗中增援向我襲擊所以第一線須充分配備兵力(5)謹遵政府之命令並常與外交當局吳市長顧高等顧問少川通訊爲要

蔡軍長呈　何朱兩部長陳司令長官世戌電云

本日各領事會議日敵態度强硬毫無誠意除督率我軍積極備戰外謹陳

又致毛師長世電云

本日各領事會議日敵態度强硬毫無誠意我軍應積極備戰仰該師長即率留京鎭各部尅日開來南翔或令砲兵營即日先來歸張副師長指揮

二月一日

天候　晴和

總部駐眞茹

情況一

綜合各方情況敵海陸空軍陸續增加然因連日死傷不少尙待其陸軍之到達準備糧食着着備戰重光葵本日到滬卽下令日僑民卽日回國

情況二

本日午後十一時泊南京下關江面之敵艦開砲數十發向我南京及下關獅子山砲台挑釁

判決

敵大部援軍到達後必續向我攻擊戰局日形擴大

處置

一、蔡軍長命令

此次與日寇作戰戰局非一二日卽能解決我國械彈缺乏對子彈之補充尤爲困難凡我官兵應明斯旨對於射擊切勿浪費一彈茲將射擊時注意之項規定如下

(一)射擊開始及停止應聽官長之命令

(二)非有目標不得開槍

(三)彈不可空發一彈應求斃一敵

二、蔡軍長命令

甲、敵方飛機甚多我無飛機及高射砲宜積極做工事以作消極之自衛俟敵方部隊接近一舉與之決戰

乙、散兵壕內之設備

1. 散兵壕應加深在前崖做深廣強有力之掩蔽部

2. 掩蔽部上面之積土須厚五尺

3. 預備隊在宿營地多做地洞掩蔽部

丙、團營及司令部各做地洞

丁、子彈及重要品亦應掩蔽

戊、以上工事每到一地須立時設備

己、工事力求隱蔽如太暴露必至無效

庚、限二日完成

三、命令

（一）在上海租界分向閘北虹江路來侵之敵經我軍痛擊後退回租界及江灣以東一帶據各方報告敵既動員二師有由淞滬上陸大舉來侵之企圖

（二）本軍以待機殲滅敵人之目的擬佔領虹橋鎮——北新涇鎮——眞茹鎮——大場鎮——胡家莊——吳淞鎮之線保持主力於鐵道以北之地區待機將敵一舉殲滅之

（三）七十八師附小砲一連（欠第一、四團）佔領虹橋鎮——北新涇鎮——眞茹鎮——眞茹車站之線保持主力於鐵道線附近以南地區

第一五六旅第四團佔領吳淞鎮爲我軍左翼據點而死守之

第一五五旅第一團佔領南市龍華各要點而死守之掩護我軍右翼

第一五六旅附小砲一連（欠第四團）憲兵團（欠一營）佔領閘北爲前進陣地撤回與否靜候命令

（四）六十師佔領眞茹車站北端亘——大場鎮——胡家莊及其北方之線保持主力於中央（派出一部至瀏河擔任警戒注意敵艦之行動）

（五）作戰境界之區分及警戒

七十八師六十師以閘北沿鐵道之線爲兩師作戰境界線線上屬七十八師

各部隊應於其陣地前方擇要派出警戒部隊構成據點式之堅固工事

(六)各師對本陣地須構築堅固之掩體工事及障礙物及廣大之外壕尤須注意僞裝及假工事以欺敵機

(七)六十一師之一二二旅全部爲總預備隊集中南翔候命(六十一師防務交替完畢全部開至南翔集中)

(八)給養自行採辦但須預備十天以上之糧食彈藥補充方法另令規定

(九)通信網之設備如另圖

(十)第二病院在蘇州開設收容傷兵

(十一)余在眞茹

六十師按上之命令其部署如左

一、一一九旅佔領大場鎮姜家橋官家宅及其以南地區之線取攻勢防禦由該旅第三團派一

警徃瀏河警戒

二、一二〇旅以第二團（附山砲連）佔領眞茹東端鐵道蔣家宅小梁山及其以北地區之線

取攻勢防禦其餘爲師預備隊位置於廠頭西南地區（第四團暫留江橋候命）

七十八師及六十一師一二二旅之部署如上命令從略

戰況

本日敵仍伏匿未向我攻擊全線沉寂

附電

蔡軍長呈　何部長東申電云

世西及東電均奉悉經飭前線部隊停止射擊靜候中央談判

蔡軍長呈　陳司令長官東午電云

昨日派區師長代表在滬與各國領事武官開調停會議現回報稱上午與各領會議擬日軍退入黃陸路我軍退離黃陸路二千米突至中央地帶由國際臨時警戒但英領須與各國武官協商不能決定改下午再召集各領事及武官復開會議卽決定日本軍隊退入公共租界中國軍隊退至相當地點卽一

致贊成而日海軍司令須請示三日始能答復結果各國對我甚好日本似無誠意現據報日方增兵今明可到陸軍萬餘我軍積極準備請令毛師速來南翔

蔡軍長呈　何朱兩部長陳司令長官東未電云

日寇要求停戰爲緩兵之計逆料數日間其大部一到必有惡戰懇將六一師留京鎮部隊悉數開來俾得集全力以應强敵萬勿猶疑爲盼

二日

天候　晴

總部駐眞茹

情況一

本日晨敵軍忽然撤入民房至午後敵機及敵軍漸活動又向我閘北八字橋陣地攻擊砲戰終夜

上海日僑紛紛回國

南京敵艦已無積極行動

判定

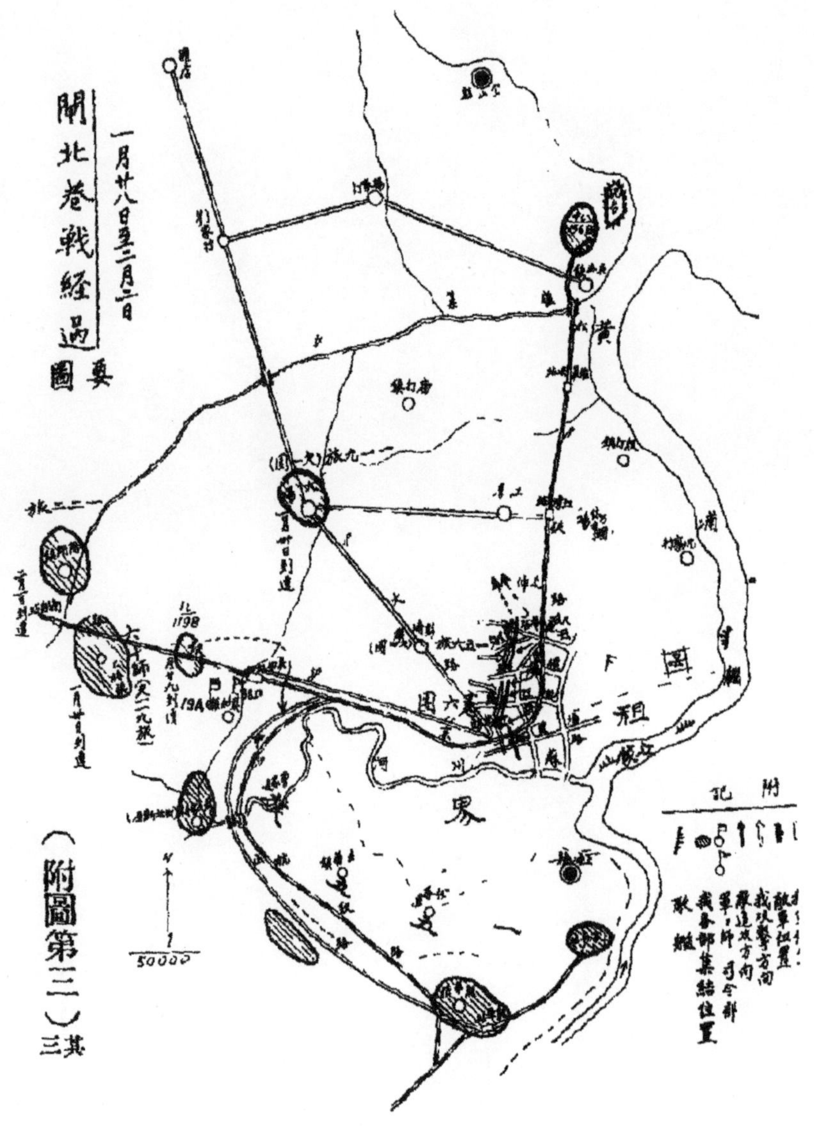
閘北巷戰經過要圖
一月廿八日至二月二日
（附圖第三）其三
1/50000
附記
敵軍位置
我攻擊方向
軍・師 司令部
我各部集結位置
敵艦

同前

處置

一、爲統一指揮起見由蔡軍長下達如左之命令

茲爲統一指揮起見所有淞滬一帶本軍軍隊歸回本軍長指揮除通知戴司令外仰即知照爲要

此令

二、通報

蔡軍長致戴司令㦸通報云

茲爲統一指揮起見所有在淞滬一帶十九路軍軍隊歸回敝部指揮除令知七十八師外請查照

爲荷

戰況

本日下午一時後敵飛機在閘北擲彈天通庵附近日之砲兵集中火力向我閘北一帶射擊其步兵以裝甲車掩護企圖包圍我一五六旅第五團左翼戰線逐漸往北延伸入黑後我砲兵亦集中火力向靶子路公園及日本小學校之敵軍司令部射擊至入夜後兩方均無積極行動

附電

奉 何部長冬電開 上海衝突由日方聲請停止本日各國領事居間調停繼續停戰三日暫告段落中央決定方針一面從事正當防衛不以尺寸土地授人一面仍遵用外交方法要求各國履行其條約上之責任查正當防衛之定義爲抵抗緊急不正當之侵略行爲現有日軍在滬旣要求停戰我方卽應沉着應付否則人不犯我我猶犯人誤用正當防衛轉成誘起戰爭之口實國際間同情亦易隨之而失矣現國聯已援用第十五條採取較有效之制裁方法是外交方面或有轉機之望並盼各省軍政長官深體中央意旨確切明瞭正當防衛之意義卽對於此次上海衝突勿涉滋張啓日寇藉口宣戰之機失國際同情之利對於外僑應一體盡力保護制止藉用名目非法侵害以靖地方而利國家

呈 何部長冬午電云

敵不斷增兵並砲擊我首都足見和平毫無誠意增兵來犯實在意中本軍具守土救國之決心準備作持久之血戰擬請加發水機槍彈及步彈各一百萬預儲崑山南翔備用免致車路被燬補充困難也如何盼示

奉 何部長轉汪院長東申電開 弟昨夜抵開封今午赴洛陽數日內將政府機關布置後應於必

要時可以南來弟昨已電廣州同志對於淞滬駐軍急速設法增援助餉軍委會亦已決定增派軍隊淞滬決不以十九路軍獨力苦戰敬祈諸兄激勵將士始終堅決抵抗在淞滬多抵抗一次則其影響不但及於全國卽於世界軍事外交相爲依倚切乞注意財政事已由宋部長負責籌濟

三日

天候 晝晴 夜雨嚴寒

總部駐眞茹

情況一

日僑仍紛紛回國應急動員之海軍陸戰隊幷補充兵及特別陸戰隊已完全抵滬約六七千人總計其兵力約在萬人飛機百架戰艦三十餘艘

情況二

閘北我一一九旅接防完畢後至四日一時敵又來猛攻血戰終日

據報敵收買我國流氓擾民作間諜偵探

本日上午十時以後敵集中艦隊六艘與我吳淞要塞開始砲戰

奉　何部長冬巳電八十八師集結蘇州後歸光鼐指揮

奉　何部長江酉電撥砲兵學校野砲一排八十八師小砲二連歸本軍指揮

處置

一、閘北一五六旅苦戰一週死傷極大亟待整理休息當令六十師一二零旅前往接替下達如下之命令

(一)敵情如貴官所知

(二)本軍目的同前令

(三)着六十師鄧旅率兵兩團幷黃茂權團至閘北北站一帶接七十八師翁旅防務

(四)着憲兵第六團(欠一營)至中山路口一帶接黃茂權防務對西南日本紗廠擔任警戒歸本部直接指揮

(五)着鄧旅及憲兵團於黃昏前派員偵察地形及接防手續於黃昏後開始接防務於午後十一時以前接防完畢

(六)翁旅將防務交代後卽開回金家角六十師附近休息卽歸沈師長指揮着派張團長君嵩酌

留兵一連駐閘北指揮義勇軍歸鄧旅長指揮

（七）所有翁旅已架設通信網及電話機完全移交鄧旅黃團通信網及電話機移交憲兵團所有憲兵團通信網及電話機移交鄧旅

（八）余在眞茹

二、下午據報敵有襲佔吳淞要塞作其陸軍登陸地點之企圖當卽以電話令七十八師區師長壽年轉飭一五六旅長翁照垣將閘北陣地交代後卽率第五團赴吳淞增援該旅於四日拂曉前到達吳淞附近

三、請何部長巡令八十八師增援江陰

戰況

閘北方面敵仍不斷向我攻擊兩方極無進展蓋已入於陣地戰之狀態矣

本日十時敵集中艦隊六七艘與吳淞要塞砲戰敵艦隊被我擊傷多艘逃去我要塞被燬砲三門官兵死傷三十餘員名

附電

呈　何部長江未電云

冬戌電奉悉江陰要塞守兵薄弱請迅電令俞師增援

呈　何朱部長陳司令長官江酉電云

(一)接吳淞鄧司令振銓江電稱今巳敵艦先砲擊本塞本塞爲自衞計自上午十時五分起開砲激戰二小時共發五十餘砲多有命中本塞壞砲三門死亡官兵三十餘員名等語(二)接據鍾團長電話今晨敵機到我方擲彈被我擊落敵機一架機師均死等語

奉　何部長冬巳電開　八十八師開到蘇州後卽集結該地歸蔣總指揮光鼐指揮希飭屬遵照并希蔡軍長就近轉知吳縣駐軍長官接洽待俞部到吳不須開京

奉　何部長江酉電開　茲令砲兵學校撥派野砲一排先開蘇州又八十八師派小砲兩連開至眞茹均限支日開拔歸兄指揮特先電達

奉　何部長江戌電開　江未電奉悉由俞師派隊掩護江陰要塞巳照派矣

呈　何朱兩部長陳司令長官江未電

綜合各方所得最近情報如次(一)重光日使昨到滬卽下令全滬一萬八千名日僑限卽日完全回國

之準備（在粵日僑亦準備回日本）(二)滬日本無線電話放送稱二月一日閣議決定滬事未再擴大前停派遣陸軍滬事暫交外海兩部負責辦理昨已準備之陸軍仍取待機姿勢但中國正式宣戰時即決派有力陸軍等語(三)英美領事向日方所提停止飛機投彈一事日司令稱在滬日軍兵力甚薄弱故不能放棄使用飛機之權(四)傳聞日僑云現到滬之日飛機共百架但現已裝好者五十架(五)日陸戰隊昨今兩日又在公共租界活動公然備車載兵向滬西增防公共租界之中立區已有名無實(六)敵收買我國無知人民每名三十元至五百元供作偵探擾亂之用(七)日擬加派海軍來華現正在橫須賀編第三艦隊云

奉　何部長江未電開　冬申電奉悉江陰要塞增防已令蘇省保安第一團主力集結擔任警備歸兄指揮至阻塞該處河道關係各國長江通商之條約一時未便施行

接吳市長冬亥電云　本日下午二時五十分接日總領事署電話通知謂世日在英領官邸擬議日軍退入租界範圍所讓出之越界築路及附近地帶交由英美軍暫時維持之辦法日政府不能同意等語查當日原議英美總領事當時曾詢問我方如日方答復不同意時如何當經區師長答以請示我方政府於是相約在請示期間彼不犯我我不犯彼彼如侵犯我即抵抗此為英美總領等當場所決定並

有紀錄可憑今日日領未通告答復本府之前在滬日軍已向我方進攻毫不假以請示時機背信蔑義重行開釁所有因此發生一切之損害應完全由日方負之業經另行向日總領事提出抗議並通告英美及各國總領事聲明責任請其主持公道矣頃英美總領事復根據區師長前次主張囑我方軍事當局詢問意見等情用特轉電奉達尊見如何請即惠示

四日

天候　陰雨

總部駐眞茹

情況

一、據報日當局以上海事件益見急迫已決派新編之第三遣外艦隊(係以在中國南部各艦編組)一二日可到滬海軍中將野村吉三郎爲司令官第一遣外艦隊及滬陸戰隊均受其指揮

二、和議決裂敵決以全力向我總攻

三、美亞洲艦隊八艦抵滬

四、八十八師一部抵蘇州

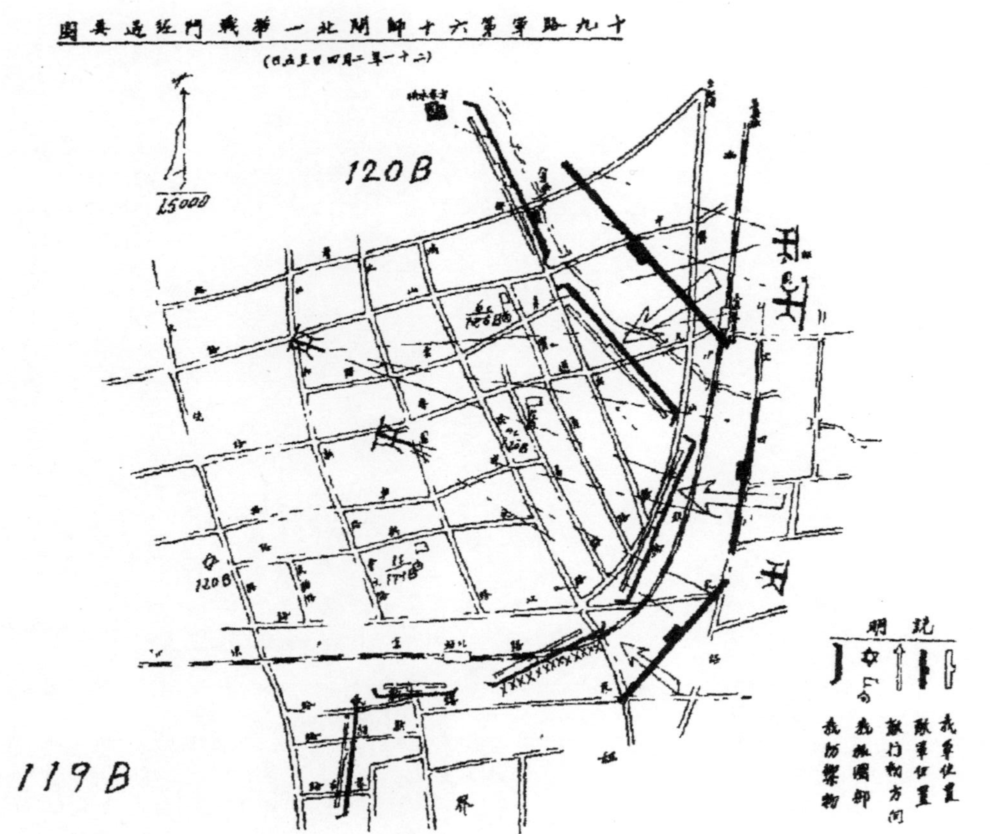

（附圖第三）其四

判決

敵以主力攻我閘北同時依海空軍之協同企圖以一部攻佔吳淞

處置

令憲兵第六團至高昌廟南市一帶接七十八師第一團防務該團所遺中山路一帶防務由七十八師派教導隊接替七十八師第一團開回北新涇真茹歸回建制

令六十師第五團推進余家椚盧家莊一帶所遺防務由七十八師第六團接替令六十一師一二二旅全部推進至嘉定羅店瀏河間拒止由瀏河方面企圖上陸之敵師主力於本日到南翔江橋鎮一帶候命

戰況

一、閘北方面

上午七時敵集砲火向閘北北站寶山路西寶興路一帶一二零旅陣地猛攻至九時火力益烈經此五小時之攻擊準備射擊至十二時敵陸戰隊約三千人以機關槍掩護向我連續衝鋒均不逞至下午二時復以裝甲車十六輛向我突擊爆擊機十八架同時猛烈擲投重量炸彈我官兵仍沉

着應戰以手榴彈毀敵裝甲汽車五輛敵又用燒夷彈向我陣地房屋擲射火光熊熊我軍依據爲陣地之房屋僅賸頹垣至此亦不能立足乃撤至第二防線至入夜火勢稍殺卽逆襲而恢復原陣地敵膽寒引去計斃敵百餘傷數百俘獲裝甲車六輛經此役後作戰重心遂漸往北延伸閘北入於街巷之陣地戰矣（見附圖第三其四）

二、吳淞方面（詳下章）

附電

呈　何朱兩部長陳司令長官支酉電云

辰巳未各電諒達綜合現得各方情況摘報如下（一）今日敵軍全線向我閘北總攻激戰至午後六時用鐵甲車掩護反復衝鋒均被我軍擊退斃敵一百餘獲鐵甲車六輛（二）下午六時敵以鐵甲車掩護數百人由江灣路向我左翼攻擊至七時許被我軍擊退斃敵二十餘（三）吳淞砲台仍在我手中（四）據外人消息日陸軍萬餘一二日間可到擬在吳淞瀏河等處登陸攻我側背（五）據報敵擬於美艦隊未開到前攻佔我閘北吳淞等處以免將來行動不便等語

奉　何部長支酉電開　前准屬該路之飛機第六第七兩隊由沈指揮官德燮統率着仍於明晨飛

滬歸還該軍長指揮除分令外合電知照

第十一章　吳淞要塞戰鬭之經過

吳淞要塞方面在二月二日以前無戰事此後戰鬭最烈之時期爲二月三、四、七、二十等日此外不過敵機及兵艦不時投彈及砲擊而已

二月三、四日本路軍一般之情勢戰況經見上章茲章僅述吳淞方面戰鬭之經過而已

吳淞要塞建築於遜清末葉年來幾經變亂及時代變遷要塞之建築及配置之大砲均陳敝不堪已失要塞之價值黃浦揚子兩江之天險僅恃此已朽之鎖鑰經二月三、四兩日之海空轟擊盡成灰燼仍死守兩月者只賴我忠勇將士不屈不撓之精神與決心爲國犧牲之壯志耳

自上海事變前七十八師第四團即在吳淞一帶警備就近歸要塞司令鄧振銓指揮

我軍在閘北與敵血戰一週敵不斷由本國輸送援兵以致戰局日形擴大當決以要塞封鎖江面遮斷敵之後方阻止其援兵登陸二月三日鄧司令振銓得悉上述之決心要旨後奮然而作如下之處置

飭吳淞砲台要塞砲及鐵道砲並第四團迫擊砲向敵方射擊要塞砲及鐵道砲則專向日軍登陸點射擊

戰況

午前九時許我砲隊已發砲十餘發十時許泊於吳淞口外之敵艦隊六艘開始運動排成橫隊向我砲台射擊雙方入於砲戰約二小時敵艦四艘受傷而逃我砲台被毁砲三門砲台官兵傷亡三十餘

處置

下午七時第四團鍾團長爲顧慮敵乘夜間企圖登陸向所部各營下達如下之命令

1. 各營防線須特別加緊戒嚴
2. 非敵步兵登陸時不可射擊
3. 所有工事須努力增加其强度並須多掘地洞
4. 如無特別命令每日上午六時早餐下午六時晚餐

三日夜爲鞏固吳淞計乃以電話令七十八師飭一五六旅旅長翁照垣將閘北陣地交代後即率第五團馳赴吳淞增援

四日

情況一

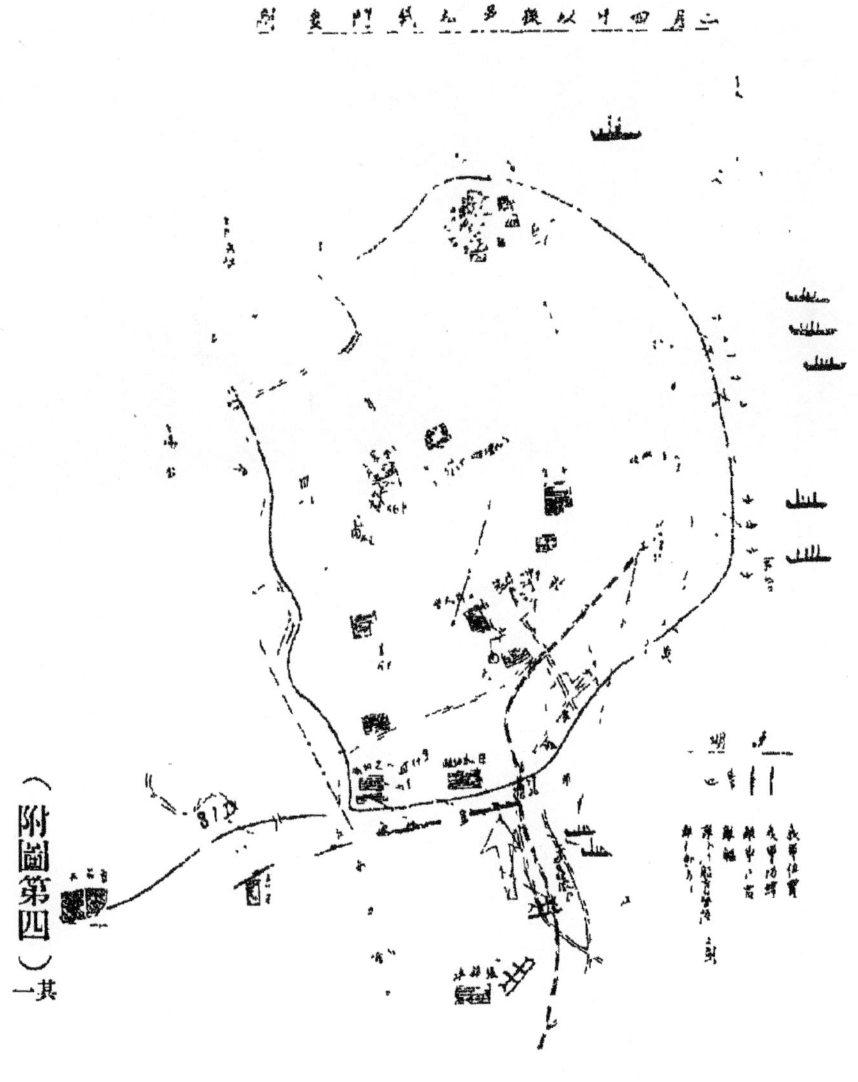
（附圖第四）其一

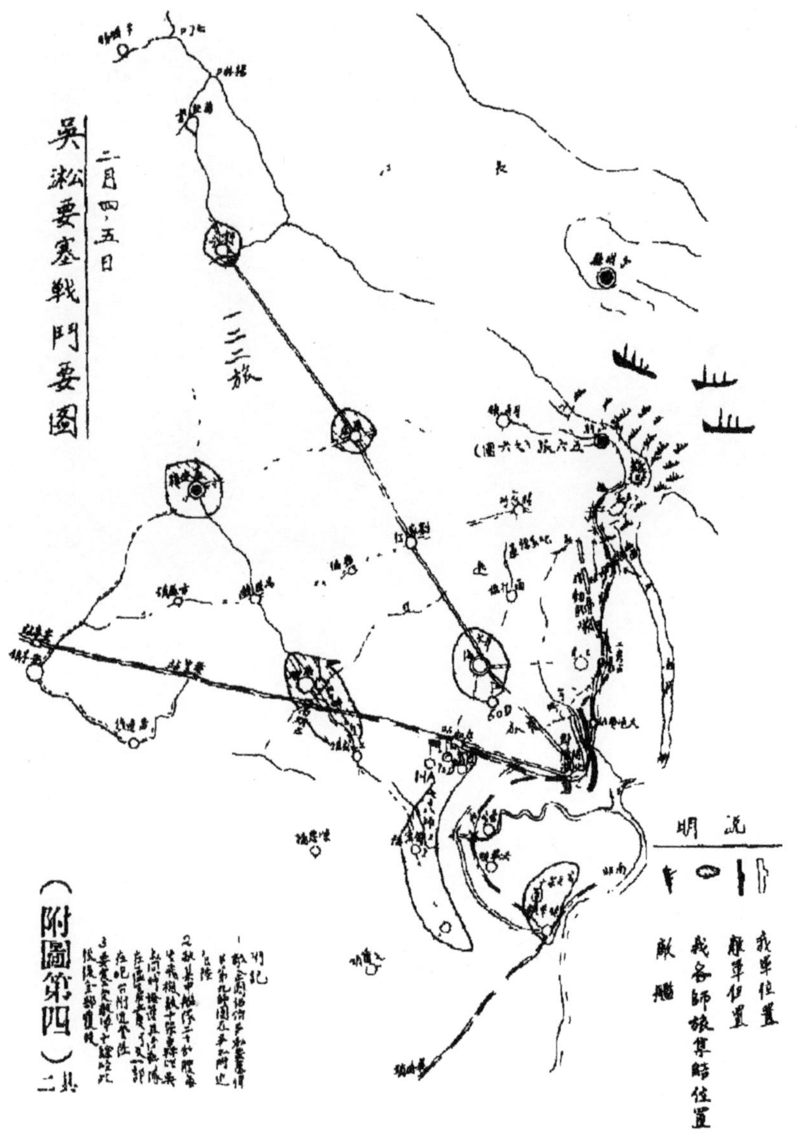
吴淞要塞戦鬥要圖
二月四、五日
一二二旅
五六旅（七六團）
説明
我軍位置
敵軍位置
我各師旅集結位置
敵艦
（附圖第四）二其

午前一時翁旅長率旅部及第五團先後到達吳淞卽與第四團鍾團長巡視陣線於上午六時下達各團之命令如左

一、旅（欠第六團）以掩護我軍左翼之目的決在吳淞死守敵如來攻卽以全力撲滅之

二、第四團在原陣地固守不動第五團（欠第二營）沿泗塘河左岸構築工事爲預備陣地江灣方面由該團派出警戒並與大場之劉旅（一一九旅）取連絡

三、第五團第二營在朱家宅爲旅預備隊

四、各團務將工事構築强固完畢後應在駐紮村落加築據點及掩蔽部

五、糧食盡量搜集準備

六、旅部在張家宅

情況二

上午十一時敵艦十三艘商船一艘遊弋於黃浦江口內外似有進攻及登陸模樣

戰況

我要塞方面爲先發制人計卽令各砲開始對敵艦射擊敵艦卽分一部出口外一部在黃浦江中集中

砲火向我砲台及沿岸守兵還擊江翻海沸黑烟彌天砲火之烈爲我軍應戰以來所未有同時飛機二十餘架在空中擲重量之炸彈激戰二小時我砲台房屋悉毀並炸毀大砲六門要塞司令鄧振銓失踪滕參謀長及副官二員陣亡台兵傷亡極大餘逃逝一空要塞至此全失戰鬥力矣而敵又愈來愈多續行射擊其陸戰隊企圖乘機登陸翁旅長令第四團守砲台灣之第一營派兵一排對企圖上陸之敵死力制止施行逆襲敵終無法登陸至下午一時砲聲漸稀五時始暫停止我第四團死傷十餘名因第四團陣線由砲台灣至寶山城兵力太單薄由翁旅長令第五團第二營派五六兩連歸第四團鍾團長指揮（見附圖第四其一其二）

五日

天候　陰晴嚴寒

總部駐眞茹

情況

一、總據情況敵久留米第十二師團之混成二十四旅團已抵滬四千人

二、總計敵在滬兵力海軍陸戰隊及混成二十四旅團之先頭部隊共約一萬五千人飛機一百架巡

洋艦四艘驅逐艦七艘輸送艦四艘航空母艦二艘以上在吳淞口外南匯縣白龍港海面停泊

三、確報敵將鹽澤幸一企圖於野村中將未抵滬前取積極攻勢挽回個人威望

四、八十八師全部到達蘇州

五、奉何部長微酉電令八十七師宋希濂旅開赴崑山歸俞師長指揮

判決

敵連日敗亡援軍未集必不敢大舉來攻

處置

由戴司令戟委七十八師副師長譚啓秀兼吳淞要塞司令

戰況

一、閘北方面

敵陸戰隊千餘及久留米混成旅團約千餘於本日上午八時至下午四時不斷向我六十師一二〇旅

第四、六團寶山路天通庵路寶興路一帶陣地突擊均經我軍擊退

本晨以來敵飛機極爲活動吳淞閘北眞茹均受其四五次轟擊眞茹車站被毁我在總部附近擊落敵

海軍爆擊機一架敵海軍大尉矢部讓五郎及另軍官二員同燒斃其狀至慘酷是殆以其人之道還治其身歟傷三架逃去降落地不詳

二、吳淞方面

敵機數來偵察擲彈十餘枚敵艦五艘巡行黃浦江向我要塞地區發射四十餘砲

附電

呈　國府汪院長蔣委員徵戌電云

(一)謹將連日戰況報告如次江日敵機二十餘架向我閘北眞茹一帶轟炸同時以大砲鐵甲車掩護向我猛攻我軍抗戰極烈將其擊退乃不得逞支日敵陸海空軍向我前線總攻閘北方面被我擊斃三百餘俘鐵甲車六輛該處房屋被砲彈引火燃燒迄未熄滅吳淞方面江日敵艦六艘圍攻砲台被我擊傷多艘我砲台損失亦大是日敵不得手復於支日集艦二十餘艘向我砲台猛擊砲台損失甚大台兵逃走一空惟經我步兵竭力抵抗敵卒無法登陸至晚敵艦遂退去連日敵機十八架在閘北眞茹吳淞一帶轟炸兵民頗受損傷微日經我擊落敵機一架機着火機師三員均燒斃內有海軍大尉矢部讓五郎又傷共三架墜地未詳(二)惟將士咸抱決死之心我軍因物質大差以致損傷極大請舒匡念外交

情形乞隨時示知

奉　何部長微酉電開　　茲令駐京第八十七師宋希濂旅開赴崑山歸俞師長濟時指揮除令谷司令轉飭遵照外特電知照並希俞師長關於該旅開拔事宜卽行接洽又江陰警備須由該師錢旅在蘇之一團派往擔任爲要

六日

天候　陰

總部駐眞茹

情況

一、敵第三遣外艦隊司令野村吉三郎乘出雲旗艦於本日抵滬

二、敵混成二十四旅團又到四千餘人在張華浜登陸旅團長下元熊彌已抵步

三、敵人因連攻閘北桒甸損失極大有鑑於巷戰之不利遂移其攻擊重心於八字橋及吳淞

處置

當時光鼐擬決定之部署如左

(一)七十八師主力在鐵道南眞茹附近一部守吳淞

(二)六十師主力在鐵道北大場附近一旅守閘北

(三)六十一師主力在南翔一部在羅店瀏河

(四)八十八師推進黃渡策應各方

(五)王賡旅推進松江掩護右翼

上述方針決定後卽先令俞師及王賡旅推進並以電話通知六十、六十一、七十八三師

戰況

一、閘北方面

拂曉時敵先以飛機重砲向我閘北陣地轟擊至上午十一時敵以裝甲車掩護混成二十四旅團步兵一千五百餘名分向我第四、五、六團正面突擊苦戰數小時敵始退去

敵因攻我閘北正面不利逐次向我左翼移動當由六十師一一九旅第二團進佔八字橋而八字橋之戰鬬遂展開矣

二、吳淞方面

本日只有敵機前往偵察敵艦巡視江中並發生戰鬬敵飛機十餘架轟擊我獅子林砲台死傷二十名

附電

奉　何部長魚未電開　據報上海領事團爲維護租界安全起見經支日緊急會議決向日領嚴重抗議日方態度險惡已自支晨起在其所侵佔之虹口區域逐漸爲相當之撤防等語查日本已決派陸軍來滬斷不因領團干涉而撤防停戰茲判決其撤防目的必於軍事上另變更其進攻之新方面故我軍應於吳淞瀏河迄彭家橋上游一帶盡力注意早爲準備相當部署如何盼復

奉　汪院長馮委員玉祥李委員濟深朱部長培德魚電開　十九路軍將士連日苦戰克保疆土勞苦卓絕至深感慰軍事委會支電計達現聞日本目的在急於攻佔閘北此着關係重大蓋上海一隅不僅中國所繫亦世界視聽所繫吾人犧牲愈烈則效果愈大務望督飭將士固守原防不可輕讓尺寸現在各路援軍開赴決不致貴軍陷於孤立無援之境尙祈繼續努力以獲最後之勝利是所切望弟等本日已抵浦鎭與敬之眞如諸兄晤商一切

奉　何部長魚未電開　據外國方面得日海軍司令確實消息一二日內日軍由瀏河登陸攻閘北等語務希對該方面作相當部署以免疏虞而資防阻部署情形盼覆

呈　何朱部長陳司令長官魚酉電云

據各方報告敵軍確有瀏河方面登陸企圖職部已從新部署如下

(一)高昌廟龍華漕河涇之線由憲兵六團擔任(二)七十八師爲左翼控置於于虹橋北新涇眞茹站北端之線主力在鐵道南附近有一部固守吳淞(三)六十師在中央控置於眞茹鐵道北方大場胡家莊北方之線主力在中央以一旅在閘北天通庵江灣之線爲前進部隊(四)六一師主力在南翔一部在羅店瀏河構築堅固陣地及破壞上陸點(五)爲策應各方便利起見旣令兪師集結於黃渡此外請王賡旅向松江推進以掩護右翼

致航空署黃署長魚電云

讀微電敬悉公等秉愛國之熱忱敵愾同仇誓死殺敵無任欽響惟日來敵機十餘架特來眞茹轟炸勢甚猛烈請即派機來眞迎擊以固空防爲禱

奉　陳司令長官魚酉電開　連日激戰益見忠勇良慰天津西報稱上海之役對於中國不屈撓之民族根性激成民族鬭爭之意識足使階級鬭爭無存在餘地幷謂中國之幸運藉日軍之鍛鍊而造成一完整國家其言至精闢盼即激勵部屬努力負茲使命以爲我民族與國家之前途開一新紀元也又

頃見某公使出示路透電蔡廷鍇將軍在眞茹戰地與訪員談話至堪敬佩云云

奉　陳司令長官魚戌電開　　讀微戌電悲壯偉烈無任傷感關於外交情形經派莫京（黃强別字）到外交部每日電告某公使頃到晤仍竭力進行調停日間當有新案惟日陸軍已來勢非與我軍大決戰一場不休此戰再勝更使世界撼動外交益易爲力也國家民族生存之機卽繫於本軍最後犧牲之表現開吾國歷史上對外所未有之奇績衍爲兄等是賴勉之

七日

天候　陰雨

總部駐眞茹

情況一

一、敵十二師團之混成二十四旅團全部約萬人已抵滬

二、敵野村吉三郎指揮在滬之敵海空陸軍向我吳淞閘北猛攻其兵力部署概要如左

甲、混成二十四旅團主力由張華浜攻擊吳淞一部協同特別陸戰隊攻八字橋

乙、海軍陸戰隊殘部仍攻閘北牽制我軍

丙、海空軍協助陸軍之戰鬬

三、據駐京外國武官得東京確息敵陸軍一師團已起程來華預測敵將在吳淞瀏河登陸

判決

敵以混成二十四旅團主力企圖攻佔吳淞爲其後續部隊登陸之據點同時以有力部隊企圖由八字橋略取閘北

處置

下達六十一師及七十八師之命令如左

頃奉　何部長魚申電開據駐京外國武官得自東京傳來確息日有陸軍一師已起程來華等語預測該敵將由吳淞瀏河等處登陸進擊我側背希對該方面特別注意派有力部隊佈防如能乘其上陸之際設法加以痛擊尤爲有利等因奉此仰該師長即遵照辦理將瀏河附近上陸點盡量加以破壞並扼要構築堅固工事乘敵上陸而各個擊破之切切此令

戰況

一、閘北八字橋方面

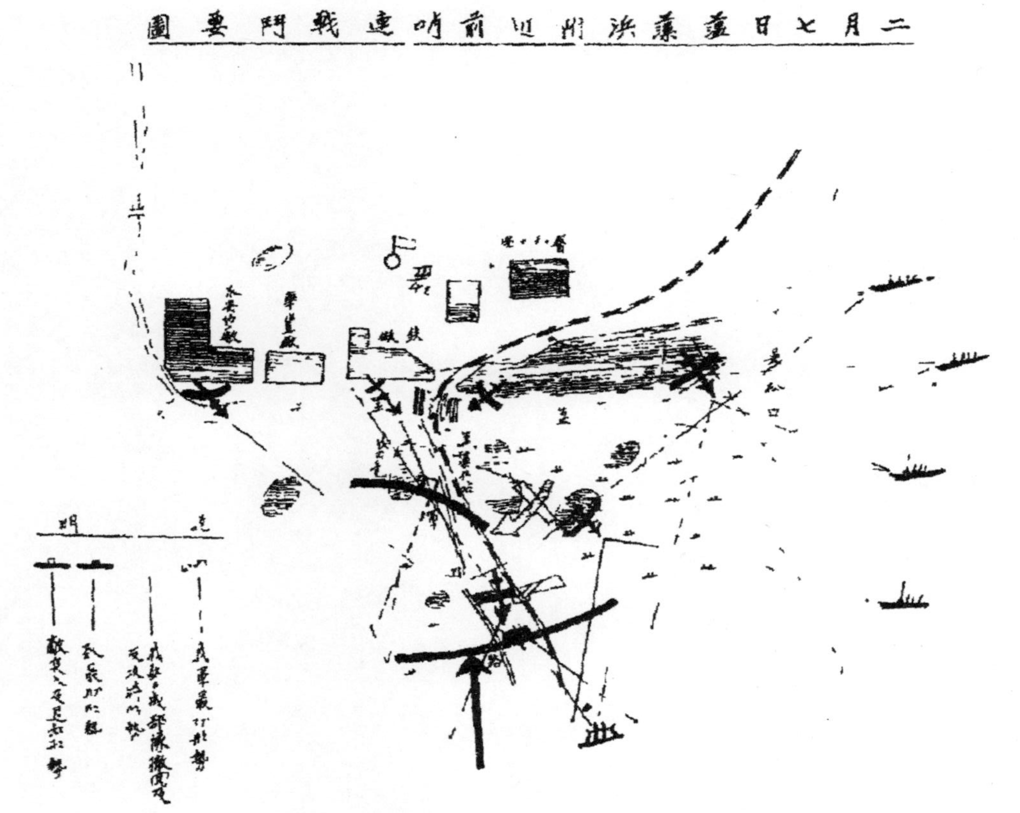

附圖第四（其三）

自拂曉敵即以砲兵飛機向我閘北轟擊繼以裝甲車掩護陸戰隊向我西寶興路八字橋第二團猛攻至十二時敵死傷極大後以混成二十四旅團二千人增援一再向我突擊激戰至黃昏斃敵六百餘敵勢不支始退去同時敵約千人由寶山路天通庵路施行作攻經我痛擊後到處以燒夷彈引火乘夜遁去

二、吳淞蘊藻浜方面

上午八時敵飛機四十餘架在吳淞上空盤旋投擲重量炸彈同時敵艦隊二十四艘在張華浜車站附近江面至三夾水江面集中火力向我吳淞及蘊藻浜左右岸陣地射擊張華浜車站亦發現敵重砲八門向我吳淞鐵道橋陣地射擊商店民房到處火起敵裝甲車沿軍工路掩護步兵二千餘向我蘊藻浜右岸之前哨連陣地猛攻該連死傷過半力不能支乃撤至鐵橋擬渡河歸回本陣地翁旅長據報嚴令固守原陣地不許撤退而敵已一擁至蘊藻浜附近該連乃繞過車站前端由左翼包圍敵之右側背將敵截爲兩斷以機關槍猛烈掃射敵死傷六七百人始潰退該連恢復原陣地而砲火仍不斷向我在蘊藻浜左岸之陣地射擊工事多炸毀第五團在吳淞鎮東北有全排被活埋於壕底者其悲慘情形非目睹無以喻之也

入黑後在蘊藻浜右岸之前哨連始撤回左岸同時鐵橋亦加以破壞而吳淞戰鬭遂入於兩軍隔河對峙矣（見附圖第四其三）

情況二

總部接各方報告及情況即將昨擬定經實行之部署於本日午後十時三十分更以命令下達於各部如左

命令　二月七日午後十時三十分於眞茹總部

一、據各方確報敵陸軍約一師團將由江灣吳淞瀏河之線登陸壓迫我軍左翼策動租界內敵之陸戰隊殘部有佔領我吳淞及閘北地區之企圖

二、本軍以保護國土自衛之目的展開於上海附近京滬鐵道南北之線保持主力於鐵道以北之地區對來擾之敵迎頭痛擊壓迫之於黃浦江畔而殲滅之

三、六十師擔任北站閘北亘江灣之線以一部固守北站閘北主力集結於大場東南一帶地區相機迎擊由黃浦江進犯之敵左與翁旅常取連絡

四、七十八師除翁旅（缺第六團）死守吳淞外其餘在北新涇眞茹之線對中山路曹家渡方面警

戒

五、六十一師以一團控置於羅店派出一部至瀏河小川沙沿岸一帶警戒江面主力則應於八日拂曉前集結於劉家行至大場一帶地區如瀏河小川沙方面無敵情發現時應相機策應六十師

六、八十八師（計三團）及八十七師宋旅（計二團）爲預備隊位置於南翔江橋鎮間

七、憲兵第六團擔任南市高昌廟龍華一帶警戒仍歸戴司令指揮

八、八十八師王賡旅古團擔任虹橋北新涇之線警戒（八日拂曉前接防完畢）歸區師長指揮

九、補給

糧食　各部應自行準備半月量

彈藥　彈藥儲藏所設南翔

十、通信計劃（如另圖）

各部交接防務時已成之電話線應照舊移交電話機則自行裝卸

十一、余在眞茹總部

附電

呈　汪院長馮委員李委員朱部長虞午電云

魚電敬悉敵增兵亟圖攻佔我吳淞閘北刻正激戰決心死守最後犧牲誓與敵同盡耳盼速增援

呈　何部長陳司令長官虞酉電云

一、據吳淞要塞譚司令及翁旅長本日報告彙報如次(1)有敵艦十餘艘在吳淞附近往來遊弋猛烈向我吳淞砲擊并與敵機十餘架轟炸我第四團陣地自晨迄晚所有掩蔽物均被炸毀(2)上午十時有敵鐵甲車十餘架掩護步兵向我淞滬鐵路橋猛衝被我擊退又敵約千餘由我右翼移動有繞攻吳淞模樣等語

二、閘北方面無激戰敵以火力掩護步兵四五百向八字橋一帶來衝均被擊退

三、據報下午四時有敵唐克車十二架向吳淞方面移動

四、除飭在吳淞部隊死守及令六十師相機迎擊外謹聞

呈　何部長陳司令長官虞戌電云

一、據報敵主力移轉江灣吳淞間

二、職部署如左(甲)龍華南市仍由滬六團警戒(乙)區師以四團擔任虹橋至眞茹警戒餘二團死

守吳淞(丙)沈師擔任閘北至江灣之線主力在大場東南(丁)毛師一部在羅店瀏河警戒主力在劉家行大場間(戊)俞師及宋旅爲總預備隊位置於南翔附近

奉何部長代電開　　茲派地雷隊一中隊尅日前赴眞茹歸貴路指揮查照爲荷

接航空署長黃秉衡陽酉電云　　魚巳電奉悉此次貴路軍毅然自衛屹立抗敵雄風捷報溥海奮興空軍不計利害決心盡力聲援惟將士之血肉自不敢惜而使用之機巧尚須稍愼一俟整頓就緒當卽相機出擊也再據報敵在楊樹浦下黎路傍江地方建築陸機場等情查敵在滬開闢機場關係重要希速設法破壞爲禱

第十二章　八字橋之戰鬭

八字橋之戰開始於六日晨至七日戰鬭漸烈其經過已於前章詳述之矣茲由八、九、十、十一、四天之戰鬭分述之如左

八日

天氣　陰雨

總部駐眞茹鎭

情況

一、昨今兩日敵海軍特別陸戰隊及久留米混成二十四旅團殘部約共五千人抵滬在楊樹浦登陸

二、據確報敵以有力部隊猛攻吳淞俟我轉移兵力後即以主力由八字橋突擊企圖略取閘北

三、我軍各師經照七日午後十時三十分命令於拂曉前部署完畢

四、因作戰彙旬死傷極大亟待補充分電中央及粵方請撥徒手兵來滬補充

判決

敵以混成二十四旅團主力企圖攻佔吳淞爲其後續部隊登陸之據點同時以有力部隊企圖由八字橋略取閘北

決心

同昨日午後十時三十分之命令

戰況

一、閘北八字橋方面

甲、八字橋方面晨六時敵即開始砲擊至正午十二時敵步兵千人向我八字橋寶隆路一帶突

擊我軍沉着應戰至下午五時始將敵擊退并將其向我西唐家橋侯家木橋迂迴之部隊擊
潰

乙、閘北方面正午敵即開始砲擊至夜十一時以鐵甲車掩護全線向我陣地襲擊一再肉搏斃
敵三百餘我亦傷亡官兵二十餘人

二、吳淞方面

午前六時敵以鐵甲車數架飛機二十餘架兵艦六艘掩護步兵千餘向我第四團第三營陣地進
攻激戰三小時被我擊退其空軍兵艦竟日監視斷續向我陣地轟擊計本日戰鬬我一五六旅第
四五兩團陣亡五十三名傷官兵二十三員名

附電

奉

國民政府主席林行政院長汪齊電開　此次十九路軍在淞滬一帶申守土之大義盡軍人之
天職忠勇奮發捍衛有方旬日以來勞苦備嘗嘉慰之餘彌深馳念已飭財政部即撥五萬元爲犒勞將
士之用望即收領並以此意傳諭全體將士國民政府主席林森行政院長汪兆銘齊印

呈　蔣委員中正齊巳電云

(一)敵以一師團增援昨已到滬戰線益延長(二)連日作戰經過曾詳呈儆戌電昨敵復集中艦隊飛機鐵甲車掩護步兵千餘向吳淞猛攻經被我擊退惟砲台已毀現僅以步兵死守死亡枕藉(三)各部死亡已多不能不有相當準備以求與敵作長期奮鬬請即在各部飭撥自願加入作戰之徒手兵五千名運滬補充爲叩

致陳濟棠齊巳電云

(一)敵以一師團來滬增援昨已到滬戰局當益延長(二)連日敵以海陸空軍向我猛攻要塞被燬幸各將士奮力支持拼死抵抗敵卒不逞惟死亡枕藉慘不忍覩(三)各部死傷已衆不能不有相當準備以求與敵作長期奮鬬請即飭撥自願加入作戰之徒手兵二三千名運滬補充爲叩

呈 何部長陳司令長官齊巳電云

虞日敵以海陸空軍向我吳淞總攻砲台及散兵壕被毀殆盡幷投燒夷彈房屋被焚甚多我軍損失極大在江邊之散兵兩連祗賸二十餘人血肉橫飛狀極慘烈砲台已失效用幸賴步兵至死不屈拼命爭持敵卒不得逞惟吳淞平時已無良好之設備實難抗敵飛機重砲一再之轟燬萬望速增派多數飛機前來掩護又前日派來之飛機未審集結何處歷電無復尙未取得連絡

致張惠長齊午電云

敵亟增陸軍大戰在即誓與一決盼粵機能即來援

致黃秉衡齊電云

陽酉電奉悉貴軍決心殺敵無任欽佩連日敵機勢頗猖獗望速派强大空軍應付仍盼時賜連絡至敵機場破壞請逕通知警備司令部查照辦理爲盼

奉中國國民黨中央執行委員會齊電開　上海捍衛全體武裝同志均鑒暴日侵佔東三省鑑吾政府誓不簽訂辱國條件又以砲艦陸戰隊威脅上海幸賴我駐守各軍暨增援各軍奮勇抵抗忠義之氣照耀天日旬日以來陸路空軍暨各要塞方面迭告勝利敵受重創寸土尺地並無失陷吾將士爲國作正當防衛爲世界維持和平允爲全國全球所矜式中央念各軍將士十分勞苦特電慰勉

九日

天候　陰

總部駐眞茹

情況

一、豐田紗廠在眞茹東端中山路中央我後方極感脅制決驅逐其駐廠日僑及守兵經用外交手段

敵決本日撤退日僑明日撤退守兵

二、敵兵力部署如左

1. 混成二十四旅團在蘊藻浜右岸

2. 特別陸戰隊在江灣八字橋

3. 海軍陸戰隊在閘北

4. 臨時飛行場在公大紗廠附近大部飛機在航空母艦泊南匯白龍港口外

5. 海軍第一三兩遣外艦隊游弋於揚子黃浦江口岸

三、八十八師獨立旅王賡部增派一團來援

處置

撥地雷隊第三分隊歸一五六旅指揮赴吳淞破壞橋梁及沿蘊藻浜要點裝設地雷

撥憲兵第六團歸八十八師獨立旅旅長王賡指揮

戰況

本日閘北八字橋吳淞均無劇烈戰鬭不過敵機不斷偵察我前後方及投彈敵砲不時作不規則之擾亂射擊

附電

呈　何部長陳司令長官靑酉電云

吳淞砲台被毀情形經迭電詳呈現査砲台守兵砲手均已逃避一時無法收集僅由譚司令翁旅長以步兵死守如敵一再以砲擊及機炸危殆堪虞懇賜方略以固海防

十日

天候　晴

總部上午在眞茹下午移南翔

情况——

一、敵海軍特別陸戰隊確已由蘊藻浜右岸調至江灣天通庵附近

二、蘊藻浜右岸之敵混成二十四旅團正努力構築工事幷準備渡河材料其斥堠尤形活動時與我遊擊部隊衝突

三、六十一師駐楊行之第四團派出一營至曹家橋警戒掩護吳淞右翼

四、軍政部增派地雷隊一隊由霍大隊長率來眞茹助戰

判決

敵正在部署準備仍向我吳淞攻擊同時先以一部攻我八字橋以牽制我軍

決心

同前

處置

一、下達八十八師之命令如左

奉　部長何青酉電節開日本陸續增兵來滬我軍應預選定適當抵抗地區但爲避免其兵艦砲火及防其利用租界起見應選定抵抗之本陣地除現在楊行大場眞茹虹橋之線外則以瀏河嘉定南翔亘泗涇鎮之線爲宜此線無論目前是否使用必須詳行偵察飭俞師先期從速堅固構築等因希貴師長即便遵照辦理尅日完成以備不虞爲要

戰況

本日全線沉寂敵飛機及砲兵不時向我陣地及後方轟擊以擾亂我軍

附電

呈何部長陳司令長官灰辰電云

青酉戌各電奉悉(一)職部除以翁旅兩團固守吳淞鄧旅三團固守閘北憲兵第六團在南市龍華外其餘集結於劉家行大場眞茹虹橋之線俞師控置於南翔當依示飭俞師構築第二線之陣地(二)連日作戰受敵砲火之損害傷亡千餘吳淞砲台失所憑依以步兵與敵之陸海空軍爭持殊爲可虞(三)敵屢攻閘北不得手集厚兵力於江灣吳淞間本戰開始必於江灣劉行之間爲敵軍活動之目標地經飭毛師嚴陣以待矣(四)利用學生宣傳當如示辦理(五)遂天此行聞日公使態度仍甚强硬料必無結果(六)豐田紗廠日軍經領團調停準今日撤退由我方派警保護

呈陳司令長官汪院長蔣馮李委員灰辰電云

敵連日機羣大砲集轟吳淞房屋樹木砲台毁掃已盡無所憑依閘北一帶炸焚殆盡敵屢以鐵甲車羣分路來攻我雖死守陣地惟有肉搏十日以來我傷亡逾千甚困殆吳淞尤危敵增兵已到大戰在即決心犧牲與敵一拼

奉何部長灰亥電開　茲增派地雷隊一中隊由霍大隊長兌日親率前往眞茹歸貴路指揮希查照

十一日

天候　晴

總部駐南翔（蔡軍長駐眞茹）

情況

一、軍政部派王俊爲代表與敵試進行議和談判敵態度强硬要求雙方撤退

二、敵着着準備渡河材料其斥堠極力沿蘊藻浜活動有攻擊我吳淞之企圖

三、軍政部撥工兵教導隊之架橋爆破二隊及中央軍校野砲一連來滬助戰

決心

同前

處置

一、下達六十師命令如左

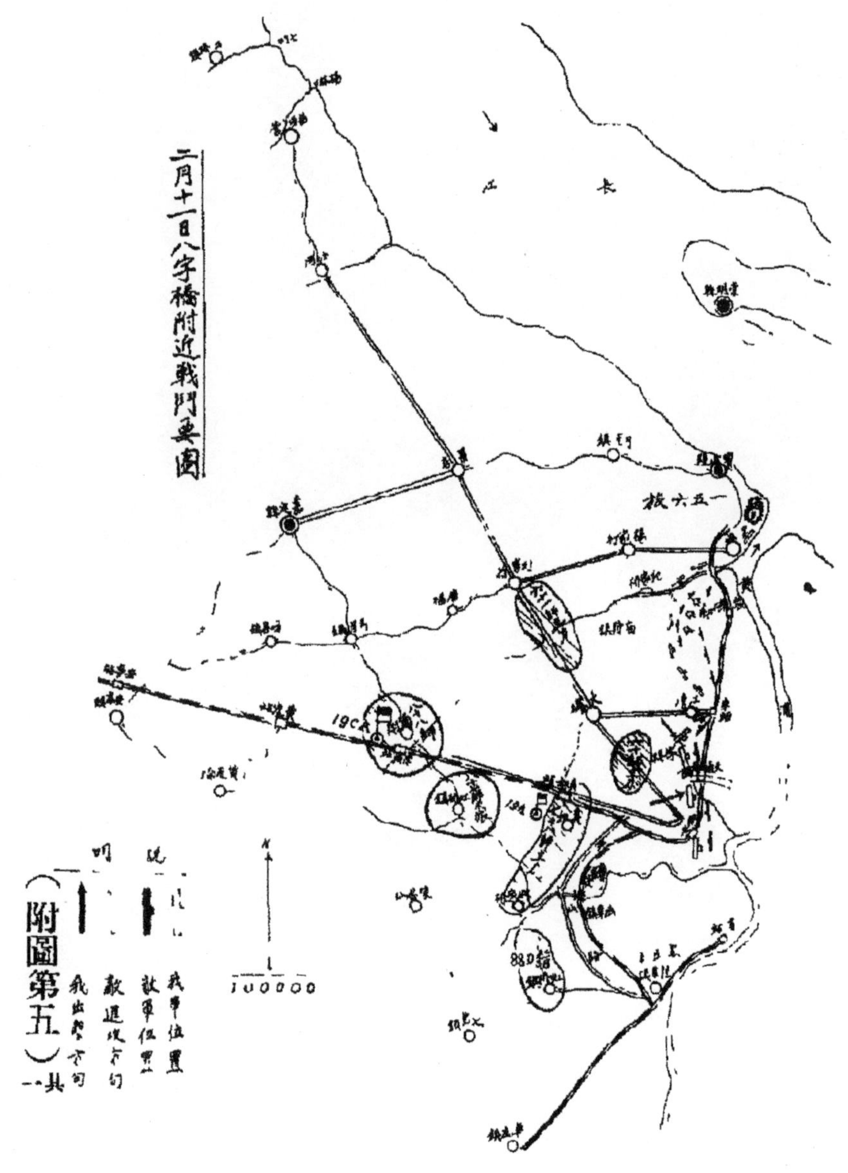

二月十一日八字橋附近戰鬥要圖
（附圖第五）其一
說明
我軍位置
敵軍位置
敵退卻方向
我出擊方向
一五六旅
88D
19C

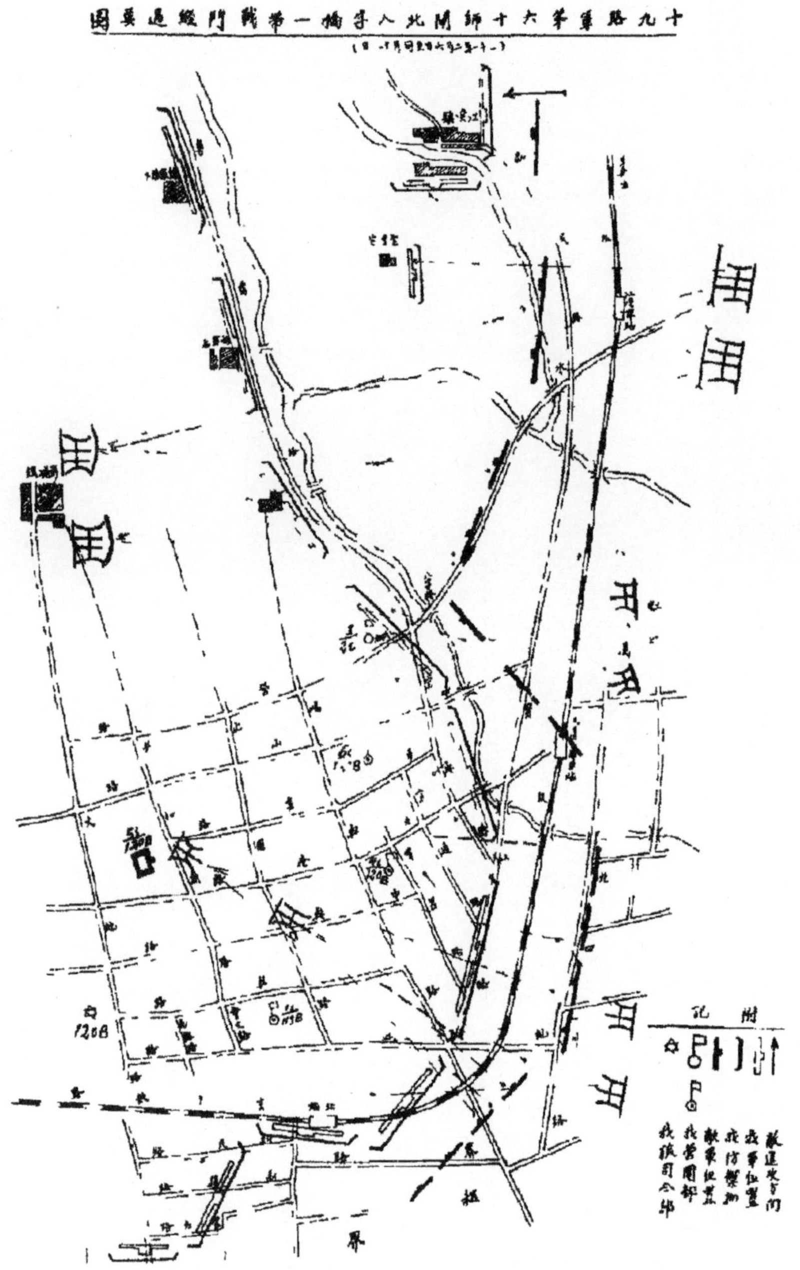

十九路軍第六十師閘北八字橋一帶戰鬥經過要圖
附記
敵進攻方向
我軍位置
敵軍位置
我營團部
我旅司令部

茲令中央軍校教導總隊砲兵連楊連長希烈率部開至餘慶橋歸該師長指揮

二、下達中央軍校教導總隊砲兵連楊連長希烈命令如左

該連撥歸六十師沈師長指揮此令

三、下達六十師七十八師霍大隊長命令如左

奉　軍政部增派地雷隊一中隊由霍大隊長親率到部現爲免予零星分割建制起見着前撥七十八師指揮之地雷隊一分隊歸回建制統歸六十師指揮霍大隊長所率之一中隊即歸七十八師指揮除分令外仰即遵照爲要此令

戰況

一、閘北八字橋方面

拂曉敵先以重砲飛機向我閘北八字橋江灣陣地炸轟至上午十一時敵以步兵約四千分向閘北八字橋江灣進攻使用世界禁用之達姆彈我官兵沉着應戰俟敵接近陣地則一舉痛擊敵死傷八百餘并俘大尉以下官兵二十餘名俘獲唐克車四輛第二團第一營營長陳正倫負傷猶奮勇衝入敵陣以致陣亡第六團第三營營長陳得彬負傷官兵傷亡百餘人（見附圖第五及其（一））

二、吳淞方面

午前七時張華浜之敵又向我鐵橋邊陣地攻擊旋被我軍擊潰同時敵機九架時來偵察及擲彈敵艦四艘不時向我開砲我軍潛伏掩體不輕出

三、曹家橋方面我六十一師前哨正與敵接觸中

附電

呈　何部長陳司令長官眞辰電云

(一)據翁旅長報告昨下午三時敵艦及飛機集中火力轟擊吳淞後即有日商船二艘載量甚重駛進上海(二)昨下午敵以大砲射擊閘北傷我營長兩員兵數十(三)今晨泊在吳淞附近之敵艦開入長江餘開駛他處(四)張華浜之敵刻向吳淞砲擊中

附電

奉　何部長蒸午電開　茲由中央軍校派砲兵一排卽日開南翔歸兄指揮到着後請沿鐵路配置因鐵路附近地區較爲重要也

奉　何部長陳司令長官蒸午電開　吳淞砲台既失砲戰能力徒以步兵據守任日海空軍之轟擊

殊非得計應請查照昨電第一步以楊家行大場眞茹爲本抵抗陣地第二步以劉河嘉定南翔爲本抵抗陣地以期縮短戰線可攻可守至吳淞江灣大通庵之線則作爲前進陣地而吳淞方面暴露於日艦砲火之陣線不妨酌量後退而以楊家行爲左翼據點似此既可避免許多重大之犧牲且不失陣地左翼之堅固頃蔣委員來電亦以應即縮短戰線重新布置爲言用意亦正相同請兄等詳加斟酌從速部署見告本日增派小砲一連工兵一隊

奉 陳司令長官眞電開 本軍爲着精神道德正義公理光榮自由而抵抗暴日其價値是絕對的永久的吾儕必須貫徹全軍犧牲之初心以完成民族命運所寄托之使命國民痛癢非有驚心動魄之犧牲不足以振起世界之公道亦非有震撼天地之犧牲不足以喚起之本軍抗戰十餘日來所表現之忠烈神勇雖足昭示中外然尙未至全軍決戰之期大敵不懼失敗非辱待本軍達到最後犧牲與失敗之時卽吾民族命運復興與世界公道得伸矣本軍乃民族司命之神兄等應再接再厲完此空前啓後之絕大使命也近日何部長有不忍本軍犧牲無以爲繼之慨歎亟欲設法避免再戰稿不敢附議故略中前意以勗兄等願共勉之

呈 何部長陳司令長官眞酉電云

灰申蒸午申各電奉悉(一)派來工兵已到達砲兵俟到後當如囑配備於鐵路附近砲彈飛入租界經飭注意矣(二)吳淞砲台被毀廢敵以陸海空軍全力向我明知死守終必燬陷但遽然撤退示弱於人幷予敵以便利故擬俟相機行之依照最近狀況判斷敵之陸軍在楊樹浦江灣一帶隨地可自由登陸不必捨易而求難料瀏河方面可減少顧慮我擬以一部堅守吳淞閘北餘配備於胡家莊大場眞茹虹橋之線控置預備隊於南翔敵來與之一決鈞意如何乞指示(三)今午敵仍以砲轟擊吳淞約一小時幷猛攻八字橋一次敵正在預備渡河船隻準備攻吳淞王達天交涉日方要求雙方撤退此爲甚難應付日方向無誠意如我軍放棄閘北則敵之目的已達而政府受人民攻擊更甚如何辦理請電示遵

第十三章　蘊藻浜之戰鬬

十二日

天候　晴

總部駐南翔(蔡軍長駐眞茹指揮)

　情況

據上海諜報組探報

一、敵陸軍先遣部隊（即混成二十四旅團）於八日抵滬以來其後續部隊遲遲未到者因侵滬軍最高指揮權問題海陸軍兩省意見不合所致現已決定（內容未詳）故至遲十四日以前其預定之一萬六七千陸軍全數到滬（按即第九師團全部當時確係於二月十三十四日全部抵滬）

二、據報敵軍進攻方針仍先攻略吳淞要塞

三、留滬日僑仍紛紛回國

據翁旅長報告軍工路之敵準備渡河材料其兵力已逐次向蘊藻浜上游移動

判決

敵企圖由蘊藻浜上游渡河抄攻吳淞要塞後側背

處置

一、以電話令知六十一師轉飭在蘊藻浜左岸部隊嚴密戒備

二、由八十八師獨立旅第二團撥平射砲一連歸六十一師指揮（命令略）

三、由八十八師派砲兵一連歸六十師指揮（命令略）

四、下達八十八師獨立旅之命令如左

(一)敵情同前

(二)本軍目的同前

(三)該旅(計二團)附憲兵第六團(缺一營)并南市一帶警察擔任南市龍華虹口直北新涇北端之線對江面及租界方向警戒左翼與七十八師確取連絡

(四)該旅應以有力部隊擔任南市龍華一帶防務而死守之以作我軍右翼之據點

(五)該旅及附屬憲警直接歸蔡軍長指揮

(六)補給及通訊遵前令辦理該旅應由旅部直架一線至南翔總部

(七)余在南翔

附記　該旅應派官長一員及傳令兵二名與蔡軍長及本部取連絡

戰況

一、閘北八字橋方面

雙方間斷射擊僅有小接觸

二、吳淞方面

敵飛機時來偵察敵艦游弋江面監視幷發砲三十餘響向我方射擊

三、蘊藻浜方面

連日敵便衣斥堠及軍官偵探極爲活動企圖偵察渡河點本日下午敵約千人由曹家橋南岸擬偷渡經我六十一師第六團痛擊後退去

毛師長二月十二日午後八時所下達之命令如左

一、綜合各方情況敵陸軍約一師團及一混成旅均已到滬其大部已在張華浜車站登陸現黑家橋朱家橋肇家浜及東西唐家橋一帶均有敵警戒部隊並有攻佔我吳淞江灣之企圖

二、師以佔領江灣廟行鎮蔡家宅至蘊藻浜河邊更沿蘊藻浜北岸胡家宅至吳淞附近之線構築堅固工事嚴密守備以拒止該敵之前進並相機殲滅之目的其部署如下

1. 第一二一旅應以兩團位置於江灣廟行一帶擔任右由江灣鎮起（江灣鎮在內）左亘廟行鎮蔡家宅至蘊藻浜河邊之地區守備務須構築堅固工事並右與六十師左與一二二旅切取連絡該旅所擔任大場鎮之部隊着即移交教導團接防

2. 第一二二旅應以一團由蘊藻浜北岸胡家宅沿河至吳淞附近構築堅固工事擔任該地區守

備並須左與七十八師固守吳淞之一五六旅右與本師一二一旅切取連絡該旅所派至羅店劉河小川沙擔任警戒之一團俟將防務移交八十七師之一團接防後應即開至胡家莊附近集結待命（附屬該旅之砲兵一連應在蘊藻浜北岸選定陣地）

3. 教導團應即派隊接一二一旅之大場鎮警戒勤務

4. 砲兵營（缺一連）應即在江灣廟行鎮一帶選定多數陣地構築强固掩體及測定距離並向敵方各要點選定射擊目標

5. 師直屬部隊均在大場大橋頭一帶集結

三、各地區守備隊之配備及工事之構築均限於今（十二）晚完畢

四、除各地區守備之三團外其餘部隊為師預備隊着均在原地集結待命

五、各部隊應準備半月之米糧

六、各部工事線及配備兵力情形應詳細繪圖具報來部為要

七、余在大場鎮大橋頭師部

附記　1. 各陣地前方如有敵軍易於接近之地物如橋樑森林其他陰蔽物體均應設法破壞之

2. 各工事前應構築若干陷阱並覆禾草於上以限制敵軍坦克車之活動

3. 各工事務須多設假裝物使與現地同色以蔽敵目

4. 參照上海市區域圖之各地名

附電

奉 陳司令長官文辰電開　作戰計劃悉如尊意佈置可也達天（王俊別字）求和當然無效如日軍早退入租界閘北由第三國軍隊居間我軍方可與磋商否則非特全功盡廢更何以對此五十萬流離顛沛之民衆耶民族一線生機只有不計死亡持久抵抗眞之意當已了然望兄等堅決到底爲要

奉 何部長文未電開　滬方軍隊配備及對吳淞陣地須定辦法均甚周妥請即照辦關於中日軍隊引退一節經將達兄接洽情形商諸眞如鈞任諸兄共同決定辦法如下雙方自動撤退即日軍撤至租界內我軍撤至相當地點兩軍撤退之中間設一和平區由雙方共同請中立國照常辦理詳細請參照羅部長文幹致吳市長等之陽電蓋日方以雙方撤兵不能避免此顧慮且係雙方自動請第三國居間與受第三國干涉不同故無失體面請兄等即照所定辦法與日方切實商洽將商洽結果隨時見告待雙方商議確定後仍移歸外交方面用正式手續解決也原田定後日（即十四）赴滬併聞

奉　羅部長陳司令長官文未電開　　昨晨英美公使已赴滬調停戰事瀕行前嘗經文幹屢告以果能如外交部致吳市長等陽電所開則我方固願意停戰以免擴大俾得早轉入外交途徑以解決中日全部問題不然若專逞就日方使我難堪則我將不顧一切誓死抵抗等語昨晚接滬電日方將於星期日集中陸軍二萬人陸戰隊七千人軍艦四十艘實行總攻擊文幹當即又召集英美代辦至外部聞其兩公使與日使重光進行調停如何並謂日報所登各難堪條件決不承受日軍集中請其先事制止不然日軍果來專攻我吳淞瀏河不攻租界而我爲首尾兼顧計到時必全線抵抗此時如租界受有損失我不負責任此層應請英美千萬注意等語該兩代辦已允即電各該使矣以現在情形而論日軍集中後恐必實行總攻萬望準備一拼調停成功固善不然不拼則無外交可談而一拼之後其影響所及必更獲極大之價值也除分電宋部長郭次長吳市長並顧少川先生外特達

呈　何部長陳司令長官文酉電云

一、本日江灣及吳淞附近均有小接觸尙非本戰二、本日英領及商團要求在閘北救濟難民出境雙方停止射擊四小時自八時至十二時三、連日在八字橋江灣吳淞一帶作戰者係敵陸軍據各部之觀察因其缺乏作戰經驗一經接近即受動搖若能避免或減少敵火力之損害擊破敵人固非難事

也

十三日

天候 雨雪

總部駐南翔（蔡軍長駐眞茹）

情況

一、據上海諜報組情報

敵昨晚起取攻勢預計本日內驅逐我前線警戒線後卽開始本攻

二、據六十一師電話報告本晨敵數千用烟幕遮蔽在紀家橋偷渡與我一二二旅激戰中

一般之處置

爲各師旅長了解最高指揮部之作戰計劃及勗勵官兵起見下達悲壯之諭令並頒發作戰計劃一冊

諭令

茲規定本路軍對日作戰計劃一本仰該師旅長切實遵照施行以期在同一方針之下殲彼日寇揚我國威黨國存亡繫此一戰勉之吾忠勇之將士有厚望焉此諭

對日作戰計劃

第一　方針

本軍以保護國土之目的以一部分據南市閘北及吳淞而死守之爲掩護主力行動之據點主力則展開於上海西方京滬鐵道南北之地區保持重點於鐵道之北乘機將敵壓迫於黃浦江畔而殲滅之

第二　指導要領

一、軍主力須迅速集結於南翔以東之地區而作戰略之展開待機攻擊敵人

二、敵砲火及飛機之十分優勢我軍爲減少損傷無論前後方須萬分努力構築陣地及掩體工事障礙物并假裝物

三、爲減少敵人海軍砲火之威力以誘敵深入眞茹——大場鎭——楊家行以西南翔羅店以東之地區與敵主力求決戰爲有利

四、敵若以一部牽制我閘北江灣方面而以大部攻擊吳淞要塞企圖佔領以作其主力登陸點則六十一師應以有力部隊由楊家行側擊之

五、敵若以有力部隊分攻我閘北吳淞而掩護其主力由江灣進出則我應以六十一師主力及預備

隊展開於大場楊家行之間極力向江灣引翔港方面出擊

六、敵若行動愼重先攻佔我吳淞然後以主力由吳淞附近登陸壓迫我之左翼則我六十一師及總預備隊全力須迅速與佔領吳淞之敵肉搏決戰而乘其半登陸之際各個擊破之

如失乘敵登陸之機會則以引誘敵人至眞茹大場楊家行之東與其主力決戰爲有利

七、因避飛機之偵察及爆擊我軍須利用夜間行動卽攻擊敵人亦以用夜襲爲宜

八、南市龍華眞茹閘北大場江灣吳淞爲第一次主抵抗線應構築集團分散之據點式堅固工事尤須作大縱深之配備及側防機關瀏河嘉定南翔七寶鎭爲第二次主抵抗線預令預備隊構築之

第三　防空及搜索

九、飛行隊須積極妨害敵機之活動以掩護軍之作戰而努力破壞引翔港附近之敵飛機場及敵之航空母艦

十、高射砲配屬於各師任各師防空此外各師須指定擔任對空射擊之機關槍連及步槍連

十一、第一線師須努力搜索當面之敵情而飛行隊亦須盡力向吳淞黃浦江一帶偵察敵之行動

第四　兵力部署

十二、八十八師王賡旅（計二團）及憲兵團擔任南市龍華虹橋北新涇之線警戒而死守南市龍華以作軍之右翼據點幷構築顓橋鎮莘莊鎮七寶鎮之第二次主抵抗陣地帶

十三、七十八師以主力控置於北新涇北端至真茹車站北端之線對中山路曹家渡警戒並構築七寶鎮北端諸翟鎮東端之第二次主抵抗陣地帶以翁旅長率兩團死守吳淞寶山爲軍左翼之據點

十四、六十師以一部擔任北站閘北江灣車站之線擇要構築强固據點主力集結於大場東南相機迎擊當面之敵

十五、六十一師以一部控置楊家行相機策應吳淞將希圖强渡蘊藻浜之敵而腰擊之其主力集結於大場劉家行間派出警戒於江灣至孫家宅之線以江灣爲據點相機迎擊當面之敵

十六、八十八師（計三團）及八十七師宋旅（計二團）爲總預備隊控置於南翔嘉定間以一部位置於羅店劉河小川沙擔任江面之警戒如敵由劉河方面登陸時宜竭力拒止之並擇要在江橋鎮西端瓦南翔鎮嘉定之線構築第二次主抵抗陣地帶

十七、以野戰電話爲主各師至少須有兩線通南翔總部（一通總機一由師長室通指揮室）

十八、各師須有一線通眞茹軍部

十九、由南翔至南京之長途電話由總部直接使用之

二十、電話有故障時用軍用無線電通訊總部及各師之無線電隊須切實聯絡

二十一、各師須派參謀至總部及軍部任連絡

第七　補給

二十二、各師應自備半月量之糧食

二十三、彈藥儲藏所設南翔兵站方面須準備伕役以便向前方補充

第八　野戰病院

二十四、各師應在前線開設一野戰病院

二十五、總部在南翔設一總收容所收容各師野戰病院之傷病官兵而輸送至蘇州

二十六、總部在蘇州設總野戰病院

二十七、各師傷病兵應設法輸送至南翔交總收容所收容轉蘇州及南京之病院

二十八、總部組織衛生列車二列專任眞茹至蘇州以北之輸送

注意事項

日前閘北抗戰純係巷戰性質彼此不能運用多兵及特種砲兵現則日軍主力漸向北移將由巷戰而趨於野戰戰術上應注意者推想日軍必利用其多數重兵器先對我陣地之一點集中火力盡量破壞使我陣線之一部動搖同時卽從此部施行突擊或從翼側包圍以期波及全線故我軍對於此着應加預防其方法如次

一、兵力配佈全線不宜過厚須將重力置於後方力求縱深配備以期損害減輕而策應便利

二、散兵壕切忌連成一線使飛機易於偵察應按地形地物分散配佈重疊構築尤應設置掩蓋隱蔽上空如得時間餘裕則增設二線三線俾能堅强抵抗

三、距本陣地較遠之處酌設假裝物僞工事以亂敵目而散其火力

四、機關槍陣地爲戰線之骨幹務必力求堅固

五、指揮最重要者爲各級官之通訊故其設備須力求完備靈活尤其部隊與高級指揮官之連絡須十分確切

——完——

下達六十一師及八十七師宋希濂旅（二六一旅）之命令如左

一、着派八十七師之宋旅翹日推進至嘉定以一團進駐羅店接六十一師謝團之防務原在嘉定之何團卽行歸回建制宋旅到達上述目的地迅行擇地構築强固工事

二、六十一師謝團待交替完畢後卽歸回建制

午前十時下達六十一師之命令如左

現令八十七師宋旅除留一連留駐嘉定及一部在瀏河小川沙警戒外其餘統歸該師長指揮除分令外仰卽遵照

午前十時下達八十七師二六一旅之命令如左

該旅除留一連留駐嘉定及一部在瀏河小川沙警戒外其餘歸六十一師毛師長指揮此令

戰況

一、閘北八字橋方面　平靜無事

二、蘊藻浜方面

拂曉前我一二二旅第六團據吳淞翁旅長電話通報云敵有大部由張華浜向曹家橋移動且發現多數燈火等語至晟卽有敵四五百名砲兵若干向我蘊藻浜北岸第六團第三營第九連陣地攻擊先以

砲火制壓我陣地守兵繼則用烟幕彈遮蔽我方視線架設帆布浮橋强行渡河適值大霧瀰漫雨雪紛飛第九連死守抵抗全連官長死傷殆盡士兵亦傷亡過半遂被突破敵即佔姚家灣錢家宅第三營營長李榮熙即率第八連及機關槍連增援因敵大部已渡河一再肉搏終未恢復原陣地張彙旅長炎隨即馳至張家村指揮令第六團二營五六連向西壓迫第一營及步兵砲向第三營左翼增加第五團至張家村策應第四團至楊行待命隨令第五團第二營向周家宅展開協同第六團反攻劇戰數小時戰況至惡劣毛師長爲驅逐渡河之敵乃令一二一旅由蘊藻浜南岸出擊以威脅之其命令如左

命令　二月十三日午前八時於大場鎭師部

一、敵大部約千餘人於本晨拂曉向我第一二二旅紀家橋陣地突擊並佈烟幕衝鋒同時架設縫布橋渡河現渡過河北岸者已達千餘人與我第一二二旅第五六兩團在肉搏中

二、着該旅第三團速由周巷蔡家宅向三甲宅出擊威脅强渡之敵之側背以援助第一二二旅恢復河岸原陣地

三、余在大場師部

命令發出後該師隨令彈藥衛生隊各一部至楊行補充及收容傷兵至九時據第六團團長報告當我

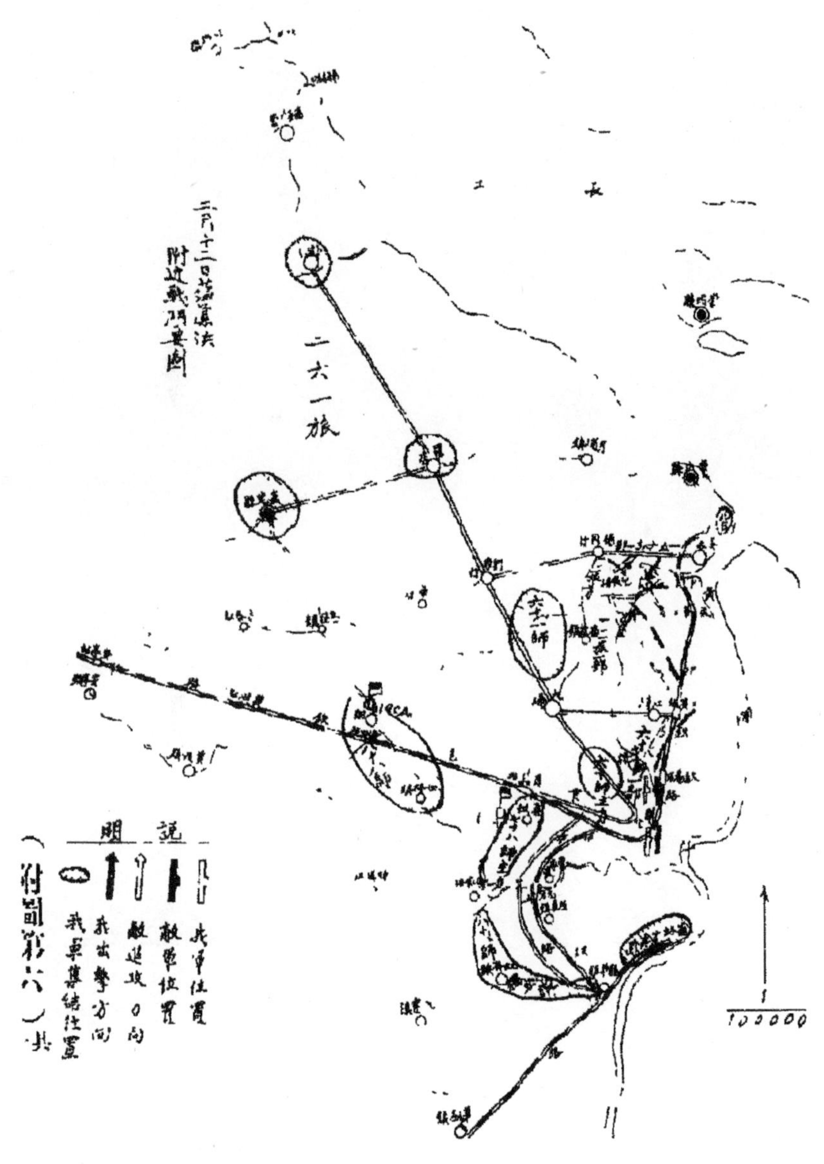
附近戰鬥要圖
二六一旅
說明
我軍位置
敵軍位置
敵進攻方向
我出擊方向
我軍集結位置
1/100000

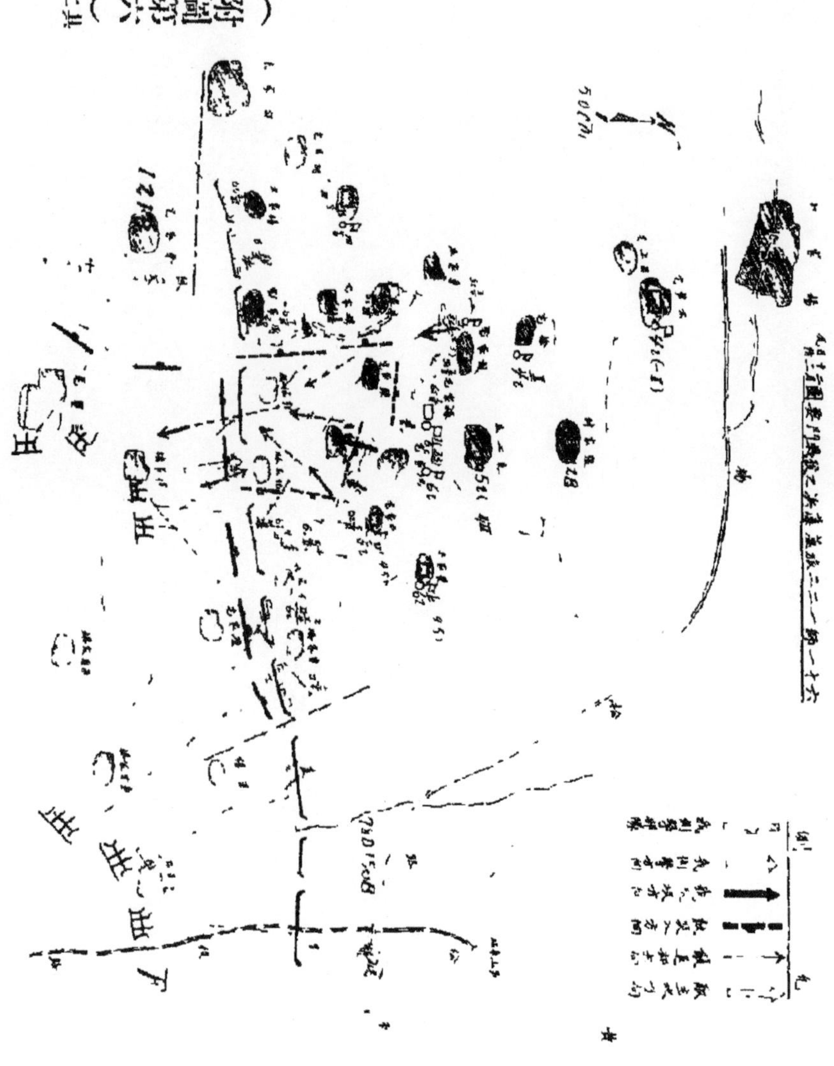

（附圖第六）三共

反攻之際敵以砲火及機關槍作封鎖射擊在陣地前構成彈壁阻我前進一再猛攻均未得手現在周家宅吳家宅楊家宅劉家宅蔡家宅之線與敵對峙中

九時張秉旅長炎復令第五團第一營向楊家宅附近增加繼續攻擊而敵仍在鍾家宅姚家宅之線源源增援頑強抵抗至午後一時復令第五團各營預備隊增加各營正面以第五團第一營及第六團第三營攻擊鍾家宅之敵第五團第二營協同第六團第一營攻擊姚家灣之敵翁旅長據所部第五團派往與曹家橋連絡部隊之報告知一二二旅正在苦戰乃令第五團長丁榮光率所部(欠一營又一連)由吳淞向曹家橋擊敵之右側背援助一二二旅之攻擊各部猛攻激戰至午後三時敵退姚家灣小河南岸及紀家橋附近集中火力拒我前進我一二二旅第六團鄧團長爲楫受傷第三營營長李榮熙陣亡各營傷亡極大已迫進至吳家宅沈家宅鍾家宅南端爲細流所阻不能前進遂對峙中毛師長據張副師長炎之報告知苦戰終日仍無進展而蘊藻浜爲吳淞依以爲險之天然障礙敵若佔領之吳淞不易守全般戰局將因一隅之失而崩解乃決心爲維持全戰局不惜任何之鉅大犧牲而向一二二旅張秉旅長炎下達命令如左

命令 十三日午後四十分 於大場師部

一、第一二一旅第三團向瞿家宅出擊受敵優勢壓迫現仍在三瞿宅西南端抗戰中

二、仰該秉旅長督率所屬不顧一切從速恢復河岸原陣地以競全局之勝負爲要

三、余在大場鎮師部

張秉旅長奕接到上述命令後即決心乘夜舉行夜襲乃區分爲左右翼隊右翼隊向姚家宅攻擊左翼隊向姚家宅東側紀家橋攻擊於七時三十分開始攻擊前進是夜雨雪紛飛天助良機我各部進迫敵陣前一舉即與肉搏手榴彈之威力遂壓倒此三島日寇矣敵全線崩潰悲號四起爭涉蘊藻浜陣亡溺斃不計其數因天黑苦戰終日未渡河窮追仍守蘊藻浜北岸敵死千餘傷更無算而我一二二旅亦傷亡盈千自稱雄冠東亞之三島陸軍經蘊藻浜一役乃認識東亞尚有中華健兒也（見附圖第六及其二）

一二一旅旅長張勵接毛師長午前八時命令後即令在廟行西北之第三團（欠一營）經周巷蔡家宅向三瞿宅出擊威脅紀家橋之左側背而策應一二二旅之作戰幷令在周巷之第二團第一營派一部於徐家巷附近掩護第三團出擊部隊之右翼至上午十時第三團到達三瞿宅以西地區廖團長當令第三營展開於唐沈宅向三瞿宅攻擊前進第三營（欠第九連）於應宅任右翼側之警戒因三瞿

附圖第六

宅西南濵河有强固工事第二營屢攻均未得手即隔河對峙廖團長又據第三營報告敵向我右側移動已與第七連接觸廖團長即率兩預備隊策應第三營該營七八兩連散開與迂迴之敵接觸後因受强大之兵力之壓迫死傷極大廖團長乃使用預備隊反攻一再肉搏敵我均傷亡數百無法進展該團長乃令二三營固守莊屋死力抵抗至傍晚敵始退去因天黑未追擊計我陣亡連附五員士兵六十一名傷連附九員士兵一百八十餘名（見附圖第六 其三）

總部總據各方情報判斷敵人抵滬之兵力約在二萬人連日一再敗退死傷極大本晨强渡蘊藻浜正在與二二二旅激戰中乃決心於本晚全線轉移攻勢一舉殲滅敵人而下達如左之命令

命令 二月十三日午後三時於眞茹總部

一、綜合各方情報敵海軍陸戰隊迭次被我擊敗後亟圖反攻刻復以新到滬之陸軍十二師團及殘餘陸戰隊之一部由江灣以北侯家木橋曹家橋一帶向我猛攻並有一部已在曹家橋渡河

二、本路軍以壓迫敵人於黃浦江畔而殲滅之目的決定部署如左

三、八十八師王旅（缺古團）附憲兵第六團及七十八師張團擔任南市龍華虹橋北新涇眞茹至大場之線警備

四、六十師以一部驅逐萬國體育場之敵並相機佔領之其餘向當面之敵佯攻其砲兵應集中火力向天通庵東北一帶猛攻俾七十八師之作戰容易進展

五、六十一師以一部固守原陣地以一旅集結於楊行鎮附近明（十四）日上午三時開始協同吳淞七十八師之翁旅（缺一團又一營）先肅清紀家橋之敵向張華浜車站攻擊前進該師左翼應與七十八師翁旅長右翼與七十八師（缺一旅）及古團確取連絡

六、七十八師（缺翁旅）附古團本日下午十一時應集結於江灣廟行鎮之間明（十四）日上午三時開始肅清大洸宅陸家橋前之敵後佔淞滬支路線向殷行鎮攻擊前進左翼應與六十一師右翼應與六十師確取連絡

七、吳淞之翁旅（缺張團）除留一營警戒外以全力在紀家橋以北地區經橫浜宅抄敵之側背協同六十一師張旅向張華浜車站之敵攻擊前進

八、八十七師之宋旅應於本日集結羅店着歸六十一師毛師長指揮

九、八十八師（缺王旅）應集結於南翔附近爲本路軍總預備隊

十、各師作戰境界區分如左

六十師——七十八師朱家橋——李家灣——周家灣——徐家宅——花廳宅（線上屬七十八師）七十八師——六十一師廟行鎮——西唐家橋——豊隆橋——金家宅（線上屬六十一師）

十一、余在眞茹

附記　參照上海五萬分一市區圖

命令下達後即奉　何部長元酉電開　蔣介公之意我軍進攻無論如何犧牲不能達到任何目的在全般計劃未定以前仍取攻勢防禦爲要等因特此電達希查照時光鼐赴滬與我外交當局商與敵議和談判蔡軍長接電後卽轉知嘗令飭各部仍照命令先行部署完畢俟午後十一時另令實施敵因一再失敗援軍未到談判較進步光鼐知爲緩兵之計然形格勢禁而此轉移攻勢之命令終不果實施敵因坐大而攻勢之機已失矣

附電

呈　何部長陳司令長官元辰電云

一、英人消息日方經於昨晚下令總攻二、昨晚九時敵分三路向我閘北八字橋江灣防線進攻激

戰約二小時敵不得逞而退三、今晨有敵數千使用烟幕分向張華浜車站以西之紀家橋及侯家木橋一帶進攻現激戰中

奉　陳司令長官何羅部長元未電開　介公刻到浦鎮召弟等指示滬事以十九路軍保持十餘日來勝利能趁此收手避免再決戰爲主其辦法如下(一)如日本確無侵佔閘北之企圖雙方立即進行停戰辦法從而轉入外交途徑(二)停戰條件須雙方各自撤退至相當地點中國軍隊退出地方由中國警察維持請兄等仍斟酌外部前開接受英美調停辦法各電及陳公俠兄所言王俊所述辦法擇其於我有利者從速進行盼示復

呈　何部長陳司令長官元酉電

今日敵向我全線總攻以一部牽制江灣閘北其大部欲由曹家橋與我張炎旅接觸激戰至夕敵傷亡計千我亦傷團長一陣亡營長一官兵傷亡七百以上現仍相持中

第十四章　江灣廟行鎮會戰

十四日

會戰前敵我一般之狀態

天候　晴

總部駐南翔（蔡軍長駐眞茹）

情況一

據上海情報組探報

一、日來傳聞之敵援軍確於昨晚七時分載七艘商輪由艦隊護送進口在大連及日本郵船等碼頭本晨登陸約九千人分往軍工路江灣外有數千在張華浜登陸當其通過吳淞時檢虛我砲台之射擊然結果安全登陸等語（按第九師團戰記記載云船舶輸送區分爲兩個梯團第一梯團爲師團戰列部隊之主力第二梯團爲師團之殘部）

二、昨晚到滬陸軍確係金澤第九師團之一部其後續部隊二三日內可到

三、第九師團長係陸軍中將植田謙吉已抵滬（按第九師團戰記記載云第一梯團於二月十日出發第二梯團遲一日出發又云第一梯團於二月十三下午六時抵上海日本郵船碼頭翌日晨上陸主力向上海一部向吳淞又云第二梯團十四抵滬十五日上陸完畢）

情況二

一、軍政部委張治中爲第五軍軍長指揮八十七八十八兩師歸光鼐指揮來滬增援

二、八十七師二五九旅全部定於明（十五）日由京出發來滬增援

三、廣州飛機尅日出動來滬增援

四、自蘊藻浜大敗敵軍後敵大恐又挽在滬外領從中斡旋和議以俟其援軍之到達

戰況

一、閘北八字橋江灣方面

我六十師照十三日午後三時命令轉飭一一九旅以十四日午前一時驅逐萬國體育場之敵幷佔領之其餘各部作佯攻俾七十八、六十一兩師之作戰容易及總部令知轉移攻勢命令暫不實施後而一一九旅第三團第二營已開始向萬國體育場攻擊敵因蘊藻浜潰退疑我全線轉移攻勢卽倉卒退出萬國體育場我第二營隨卽佔領之幷構築工事以防敵之逆襲

二、蘊藻浜紀家橋方面

拂曉時在南岸之敵以砲火向我陣地轟擊我沉着以待敵見無機可乘卽停止而入休戰狀態

三、本日敵機十餘架敵艦十二艘紛紛發砲及擲彈蘊藻浜南岸之敵又向鐵橋猛衝幸我官兵沉靜

將敵擊潰是役我第五團五連連長羅彬在砲台灣督構築工事被炸陣亡
處置
一、六十一師一二二旅經蘊藻浜戰鬪後傷亡盈千亟待整理乃以電話指示令六十一師毛師長將
蘊藻浜北岸之陣地交撥歸該師指揮之八十七師二六一旅接替一二二旅調回整理
附電
呈　何部長陳司令長官寒辰電云
請轉洛陽國民政府軍事委員會敵元日施行總攻以一部牽制江灣閘北大部欲由曹家橋襲取吳淞
拂曉與我六十一師在紀家橋及孫宅一帶接觸反復衝鋒激戰至夕雙方死亡極大均無進展入夜我
軍施行猛襲至十時許卒將敵擊退敵傷亡計千我軍亦在七百以上同時江灣方面派隊出擊將敵擊
退佔領萬國體育場
奉　陳司令長官寒巳電開　（一）日方受傷官兵應妥爲送醫院醫治萬勿加以虐待以表示我等
重國際公法及人道之精神（二）敵人死傷之官兵符號應注意檢拾藉以攷查敵之隊號及已使用之
兵力（三）戰場上戰利品應注意收拾爲要

蔡軍長致張惠長寒未電云

京杭兩處機隊以爲機不如人未敢冒昧殊堪浩歎吾兄仗義前來佩仰良深日來戰況轉劇無任引望之至謹復

呈　何部長陳司令長官寒戌電云

綜合各方確報敵到滬陸軍並陸戰隊約共三萬人有必佔據吳淞或打一勝仗後始行停戰之企圖我雖欲求和而日寇絕無誠意爲民族生存國家體面只有決心一戰請令我飛機排除萬難速來前線參加戰鬭幷設法在最近期內另行調援軍一二師開來爲千萬禱

呈　何部長陳司令長官寒戌電云

日方連日增兵和平必無誠意如能和平當屈從之但敵欲維持其强國之威風非終求一勝不可我軍祇好準備與之一決

奉　何部長寒衛電開　　第八十七師長櫻景樾另有任用遺缺經委張治中接充幷兼第五軍軍長指揮八十七、八十八兩師除分別給委幷呈報令知外特電查照

奉　陳司令長官寒未電開　　元日各電俱悉頃據顧少川元日電與英美法使磋商辦法果能辦到

則和平可望請與切實接洽但一面須刻刻防備日軍來攻速準備一最有利地帶與之決戰據報閘北等處敵方陣地已調陸軍接防若和平無望敵來犯時予以極大懲創然後別作良圖現已準備加調八七師孫元良旅增援總司令幷電韓向方劉經扶上官雲相梁冠英共選現役徒手兵三千輸送來滬補充幷代募五千新兵矣又政府對外態度與民衆口氣輕重緩急其作用不同兄等須讓愼將事依照政府指導而行外間不負責之議論可不理會也以上係總司令面囑電達即希查照

十五日

天候　晴

總部駐南翔（蔡軍長駐眞茹）

情況

一、據上海諜報組探報敵出動上海陸軍編制番號及主官姓名如左

軍司令中將植田謙吉

金澤第九師團長植田兼任

步兵第六旅團長少將前原宏行

步兵第七聯隊

步兵第三十五聯隊

步兵第十八旅團長少將小野𡚒吉

步兵第十九聯隊

步兵第三十六聯隊

騎兵第九聯隊

山砲兵第九聯隊

工兵第九大隊

久留米混成旅團長少將下元熊彌

二、金澤第九師團及久留米第十二師團之第二十四混成旅團全部已抵滬總數在二萬餘人

三、植田發表談話云日軍亦希望滬事迅速和平解決故暫停攻擊行動擬向十九路軍發要求撤退之哀的美敦書幷擬給相當時間之餘裕以資其撤退但不答應時當卽以實力決行該軍任務等語

處置

一、下達六十、六十一、七十八、八十七、八十八各師後方命令如左

在南翔之防空射擊部隊着由八十八師選擇適當地點指派若干部隊擔任對空射擊嗣後對於敵機來時除敵機在低空飛行得有良好之效果爲特別之時期外其餘一律禁止隨便放槍仰即轉飭凜遵爲要此令

戰況

一、閘北八字橋江灣廟行鎮紀家橋方面沉寂敵飛機不時前來偵察及轟擊其前線部隊努力構築工事

二、吳淞方面

午前六時敵艦八艘飛機十三架不斷向我吳淞寶山一帶砲擊其艦隊有舢板數十隻滿載水兵企圖在砲台正面登陸十餘次均被我軍擊退

附電

呈 何部長陳司令長官删辰電云

(一)加派孫旅來滬厚我實力不勝欣躍(二)綜合各方情報敵開滬兵力計由大阪金澤福岡久留米已抵滬者有三至四混成旅連陸戰隊計至少有三萬以上之兵力(三)來援部隊最好祕密在上游分渡(四)承示優待俘虜及宣傳各節經嚴飭照辦矣

接張軍長治中刪電開　弟頃奉命爲第五軍長指揮八十七、八十八兩師來滬參戰力薄本難勝任際此時艱責何敢辭擬明日出發當追隨貴軍之後聽候驅策尙祈不吝賜教孫旅定今日出發在待車輪送中

十六日

天候　晴

總部駐南翔

情況一

一、據報植田向荒木陸相報告上海近郊河川溝沼縱橫日軍作戰非常不利十九路軍爲中國最强之兵且有多數德人設計(註：本軍在滬作戰幷無外國人參與)預料必有若干時苦戰現日陸軍省正考慮此後之增兵昨荒木陸相已向芳澤求增兵之諒解云

二、據報敵軍司令植田本（十六）日視察閘北江灣吳淞全線即擬施行攻擊聞其主力將使用於吳淞方面瀏河白龍港龍華各方面以少數兵力進擾以分散我實力云

情況二

一、張軍長治中率幕僚及直屬隊於本日晨出發深夜抵南翔

二、數日來敵積極備戰部署異常忙碌逆料其二三日內其攻擊部署可完畢外交方面敵態度狡滑強硬議和之公算極少

判決

敵俟攻擊部署完畢即以主力攻擊我中央江灣廟行鎮間企圖突破後包圍我吳淞及閘北而佔領之

決心

決心迎擊當面之敵乘機轉移攻勢壓迫於黃浦江畔而殲滅之

情況三

光鼐隨令幕僚草擬全般合同命令至下午十一時張軍長治中到南翔總部該軍師旅長均到對於敵情之判斷作深切之考慮對敵人由南市龍華方面攻我右翼之企圖公算甚少其主力由白龍港登陸

恐敵亦不出此下策在吳淞未佔據以前敵必仍在上海附近登陸既得安全主力又可集結於一隅也

乃出示先擬就之命令張軍長深表同意隨即發出於各部其詞如下

命令 二月十六日午後十二時 於南翔總指揮部

軍隊區分表

右翼軍指揮官第十九軍軍長蔡廷鍇

六十師

六十一師

七十八師（缺翁旅之四、五兩團）

八十八師獨立旅附憲兵第六團及南市一帶團警

左翼軍指揮官第五軍軍長張治中

八十七師

八十八師（缺一團）

要塞地區指揮官 正指揮官譚司令啓秀 副指揮官翁旅長照垣

七十八師一五六旅（缺第六圖）

航空隊指揮官　梁

一、據確報敵金澤第九師團及久留米第十二師團之一混成旅團由敵第九師團長植田謙吉指揮於十四日全部到滬總數約三萬人連合敵海軍陸戰隊之殘部企圖進佔我吳淞及上海南北市

二、本軍以保護國土自衛之目的擬佔領南市龍華北新涇眞茹閘北江灣吳淞寶山月浦鎭之線保持主力於鐵道以北之地區迎擊由閘北江灣吳淞方面來犯之敵待機出擊壓迫於黃浦江畔而殲滅之

三、右翼軍應佔領由南市龍華北新涇眞茹至閘北江灣之線（線上屬之）保持主力於眞茹大場鎭之間迎擊當面之敵待機出擊壓迫之於引翔港方面而殲滅之須以一部有力部隊死守南市龍華作全軍右翼之據點其詳細之兵力部署應如下所示方針規定之

1. 八十八師獨立旅擔任警戒南市龍華虹橋至北新涇河以南之線（河屬之）須以有力部隊死守南市龍華爲右翼之據點

2. 七十八師（缺翁旅之四五兩團）擔任警戒北新涇河以北至曹家渡沿中山路眞茹鎭之車

站亙眞茹車站北端之線主力控置於眞茹鎭西方附近相機迎擊當面之敵及策應六十師（警戒配備同前令）

3. 六十師佔領北站閘北亙八字橋江灣南端之線主力控置於中央迎擊江灣當面之敵乘機向虹鎭引翔港方面出擊

4. 六十一師爲右翼軍預備隊集結於大場鎭西南一帶以一部死守江灣鎭

5. 作戰地境暫不規定惟各師之左右翼應與隣接師切取連絡爲要

四、左翼軍應佔領江灣北端亙廟行鎭東端蔡家宅胡家宅曹家橋之線主力控置於大場鎭北楊行鎭南及劉家行之間迎擊由江灣北方地區來犯之敵乘機出擊向殷行鎭附近壓迫敵人於黃浦江畔而殲滅之以一部在羅店瀏河小川沙方面擔任江南之警戒相機策應吳淞

五、要塞地區須以有力部隊乘機進佔張華浜車站萬不得已則死守吳淞寶山之要塞以爲全軍左翼之據點歸張軍長指揮

六、作戰地境

右翼軍——以沈家行鎭——江灣鎭——大場鎭之線爲作戰地境（線上屬右翼軍）

七、航空隊須努力妨害敵機之活動而掩護本路軍之作戰如能做到則努力爆擊引翔港附近之敵飛行場及其砲兵陣地

八、上述各部須於明（十八）日午前三時以前完畢一切之戰鬥準備

九、通信及連絡

1. 交接防務時須將已成之線移交電話機自行裝卸

2. 以電話為主各師應遵照前令及作戰計劃辦理

十、補給

1. 糧秣仍遵照前令每師自行準備半個月量

2. 彈藥總庫在南翔

十一、衛生事項

1. 各師應在前線開設野戰病院

2. 南翔由軍政部設傷兵收容所

3. 總病院分設蘇州常州南京杭州

十二、余在南翔

附記　1. 參用五萬分一之上海市區地圖　2. 軍隊區分如另表

戰況

本日全線無接觸敵飛機極活動四出偵察吳淞方面敵艦仍嚴密監視常游弋江面

附電

呈　陳司令長官銑電云

我軍連戰皆捷然皆非主力戰死傷已達二千曹家橋一役知敵亦不可輕視確報敵到滬兵力已有三萬餘人和議無望敵只欲效佔錦州故智我退彼進永圖佔據稍一讓步閘北南市均非我有大戰在即兵貴萬全滬戰如大勝可爲我民族復興之轉機敗則將陷國家前途於萬刼萬懇速請介公敬之務在最近期內調二三師開來前線預備急用方能先爲敵之不可勝以待敵之可勝至江北部隊可在浦口上下游偷渡鎮江有保安隊維持八十八師之一團可調歸建制

呈　何部長陳司令長官銑酉電云

本日敵無舉動以待軍實之輸齊總攻已令各部嚴陣以待與周旋惟各部連日傷亡過多亟須補充

請飭江北各部迅撥徒手兵運滬爲叩

致丁隊長紀徐銑戌電云

吾兄率隊蒞京我軍聞之氣壯敵援兵已到決戰不出篠巧兩日尙盼貴隊參加鎭懾敵氣也特電歡迎

諸維荃照

接宋旅長希濂銑戌電云　職旅此次奉命參戰全體官兵早具捨身救國之決心趕來接防此間歡躍無既均願待機與日寇決一死戰耿耿此衷想邀垂鑒前以奉到敝師之命將於師部到達後歸還建制擬懇請鈞座仍將職旅留於現在位置不必調至後方更勿須以維持指揮系統關係而使職旅官兵銜飲肉搏之素志無由償遂也如何尙祈示遵

十七日

天候　晴

總部駐南翔十九軍軍部駐眞茹五軍軍部本日午後四時進駐劉家行

情況一

一、據探報敵因數次攻擊失敗故現積極施行攻擊準備其將採取之方針如下

1. 吳淞由海空兩方面施行猛烈爆擊破壞我陣地
2. 閘北由陸空兩方面施行猛烈爆撃消滅障礙
3. 由江灣方面衝破我吳淞閘北之連繫分別施行包圍

二、敵國海軍主力之第三艦隊司令長官末松少將本日到滬視察海軍配備

三、據報荒木陸相對日記者團談話云必要時擬再增三師團兵力於南中國

情況二

一、右翼軍按十六日命令所示之方針各師旅之部署如左

甲、八十八師獨立旅

1. 憲兵第六團守南市
2. 第一團守龍華
3. 第二團控置於虹橋北新涇
4. 旅部及直屬隊在漕河涇

乙、七十八師

1. 第一五五旅率一二兩團限本（十七）日下午十一時以前移駐國際無線電台西端三千里宅附近爲師預備隊

2. 第三團擔任北新涇河以北瓦曹家渡沿中山路至真茹車站（車站在內）之線之警戒并努力加强工事右與八十八師獨立旅左與我第六團切實連絡

3. 第六團（欠第三營）擔任眞茹站以北瓦大場（不在內）南端之線之警戒右與我第三團左與六十一師連絡

4. 第一五六旅（欠第六團（缺第三營））死守吳淞歸左翼軍指揮

丙、六十師

1. 一一九旅（欠第一團）附第六團之第三營第四團之第二營及榴彈砲連高射砲連教導隊之步砲連以二營固守八字橋江灣車站爲支撑點右與一二零旅左與六十一師連絡以一部佔領八字橋以北瓦雨傘店楊家樓之線派出一小部於窰宅沈家宅孟家宅警戒并構築據點工事主力應控置於燕毛灣唐家衖

2. 一二零旅（欠第六團之第三營及第四團之第二營）附第一團及山砲連高射砲連地

雷隊佔領北站互資興路青雲路三陽路之線右與中山路之七十八師左與八字橋一一九旅連絡第一線守兵須稀薄主力控置於二三線

3. 野砲第一連仍在彭浦鎮以北陣地準備向持志大學滬江大學遠東運動場及軍工路之敵射擊

丁、六十一師

1. 一二一旅應以一團死守江灣鎮右與六十師左與八十八師連絡另以一團位置於廟前宅附近爲江灣地區預備隊其餘集結大場待命但須以一部在小場廟後楊家樓下之線構築堅固陣地（工事應與六十師八十八師啣接）

2. 一二二旅除第六團在羅店劉河小川沙候第五軍接防再回大場集結外其主力應於今（十七）日黃昏開至大場西南端一帶村落集結

二、左翼軍按十六日命令其兵力部署如左

1. 八十八師（缺一團）應佔領由江灣鎮北端至周巷蘊藻浜河流南岸之線右與十九軍左與本軍八十七師確取連繫惟主力須控置於大場鎮以北地區

2. 八十七師二六一旅應佔領由蘊藻浜河流北岸經胡家宅至吳淞西端曹家橋之線右與八十八師左與吳淞要塞地區隊確取連絡

二五九旅應派兵一營歸二六一旅宋旅長指揮其主力為師預備隊應控置於楊家行至劉家行大道上之火燒場薫陸宅附近

3. 要塞地區隊之任務如　總指揮蔣命令所規定

4. 中央軍校教導總隊為軍預備隊集結於劉家行北之大平橋張家橋附近

三、接王俊函云目下和平似難有望俊即返京在滬間諸承關照至感我國家及民族此後之生存進展惟有以閣下之精神及十九路諸同志之鐵與血足以維護之諸祈保重專請戎安

四、丁隊長紀徐率粵機至蘇州

處置

一、下達七十八師長及八十八師獨立旅長之命令如左

八十八師獨立旅古爾着仍照十三日下午三時命令歸七十八師區師長指揮此令

二、下達八十八師命令如左

着八十八師派高射砲一連歸本部直接指揮此令

戰況

附電

本日只八字橋方面略有接觸此外敵飛機仍極活動不斷偵察我前後方一見目標即行投彈轟擊

呈 何部長陳司令長官篠辰電云

一、張軍長已抵南翔晤面二、敵第九師團及十二師團之下元混成旅全部於寒抵滬三、職與張軍長決定兵力部署如左(甲)蔡軍長率十九軍三師及王賡旅憲兵團為右翼軍佔領南市虹橋真茹閘北江灣之線主力控置於真茹大場之間待機向引翔港方面出擊(乙)張軍長率第五軍兩師及翁旅為左翼軍佔領江灣廟行鎮胡家宅竹家橋吳淞之線主力控置於大場楊行鎮劉家行之間待機向殷行鎮方面出擊(丙)南市龍華為右翼據點由王旅及憲兵守之吳淞寶山為左翼據點由翁旅守之四、航空部隊請飭速到蘇州五、望增調一師集中黃渡

呈 何部長陳司令長官篠巳電云

對和議事請政府派負責人員參加談判商定後自當遵從但敵極狡詐前次停戰四小時救出閘北難

民彼竟利用此機暗行前進其無誠意可想而知料敵係利用緩和機會作一切之部署耳惟願一面談判一面不忘作全般之備戰如何仍盼示復

致宋旅長希濂篠巳電云

銑戌電藉悉一、貴旅愛國情殷奮勇激昂至深佩慰二、現決定以貴軍擔任江灣北端至胡家宅曹家橋之線集結主力於大場楊行鎮間至其詳細部署由貴軍長指示之特復

奉何部長篠戌電開　部署周妥甚慰航空隊業由丁隊長紀徐率飛機抵蘇惟該處飛機場應設置之高射炮四門前已令由張軍長照派尚未到達今晨日機多架到蘇作極低飛行窺察我飛機場致航空隊速電告急務請轉知張軍長飭令高射炮四門星夜往蘇擔任防空為要

十八日

天候　晴和

總部駐南翔

情況一

一、據警備司令部轉來公安局利用日偵探所得之情報如左

(甲)蘊藻浜南岸爲久留米混成旅團其兵力如左

兵種	兵數	兵器	備考
步兵	一八〇〇人	重機槍二二〇挺 輕機槍五八〇挺 曲射炮一五〇門 步兵炮七八〇門	
濱淞飛行聯隊之一部	一二〇人	飛機四五架	
廣島野炮聯隊之一部	二五〇人	野炮三八門 山炮六〇門	
各願个厚飛行聯隊之一部	八〇人	飛機二〇架	
久留米騎兵聯隊之一部	二四〇人		
千葉鐵道隊之一部	三〇〇人		
久留米輜重大隊	六〇〇人		
久留米衛生隊	二〇〇人		
附記　該旅團計約三五九〇人			

按久留米混成旅團係於二月二日應急動員二月六七日先後到達上海爾後續有增加約在萬人左右經八字橋蘊藻浜諸役死傷極大此表當係二月十四、五日所調查觀其步兵之數特少則可知該旅步兵死傷約在三千以上矣

(乙)楊樹浦施高塔路等處金澤第九師團

兵種	兵數	兵器	備考
金澤步兵聯隊	三〇〇〇人		戰時臨時編制
富山步兵聯隊	三〇〇〇人		仝右
敦賀混成聯隊	三〇〇〇人		仝右
熊本混成聯隊	三〇〇〇人		仝右
金澤野炮聯隊	八〇〇人		
金澤工兵大隊	五八〇人		
金澤輜重兵大隊	四五〇人		

金澤騎兵混成聯隊	一四〇〇人	
立川飛行聯隊之一部	二三〇人	爆擊機六五架 偵察機一八架
熊本重炮混成聯隊之一部	二六〇人	重炮二三門
衛生隊	三八〇人	
附記	金澤師團計有一六一〇〇人重機關槍一二八〇挺輕機關槍一六五〇挺曲射炮八五〇門步兵炮三二〇〇門催淚彈二〇〇〇〇發分烟幕之彈藥二五〇〇〇加倫毒瓦斯五〇〇〇〇發分（但不能傷人之全身）	

（丙）聯隊約三千人

一中隊約二百人

三中隊爲一大隊

十五個中隊爲一聯隊

（丁）從二十夜至二十一夜之間預定開始總攻擊

按第九師團戰記記載云在師團長指揮之部隊如右司令部之編組非常龐大儼有軍司令部之觀

第九師團

上海派遣混成旅團（按即久留米混成旅團）

戰車一中隊

十五生的榴彈炮一大隊

十五生的臼炮一大隊

臨時派遣工兵隊一中隊

偵察飛機一大隊

戰鬬飛機一中隊

無線電信二小隊

兵站自動機一中隊

海軍陸戰隊

觀上之記載吾人可以知當時除第九師團上述之一萬六千兵力外尙有如上記載之配屬部隊

至二月二十日會戰前吾人判斷敵抵滬陸軍爲三萬人非虛造也

情況二

一、至十八日晨我軍已完畢一般之戰鬬準備矣

二、本日和議已陷破裂下午九時敵將植田謙吉及上海日總領事村井倉松分別向我蔡軍長吳市長提出哀的美敦書

（甲）植田通牒譯文植田通牒原文附

本職基於欲以和平友好之手段達到任務之熱烈希望茲對於貴軍通告左開各件

一、貴軍應即從速中止戰鬭行爲於二月二十日午前七時以前將現據之第一線撤退完了於二月二十日午後五時以前從黃浦江西岸由租界西北端連結曹家渡鎮周家橋鎮及蒲淞鎮之線起算黃浦江東岸由連結爛泥渡及張家樓鎮之線起算各從租界境界線向北二十基羅米突之地域（包含獅子林炮台）內撤退完了且在該地域內撤去炮台及其他之軍事設施並不新設之

二、日本軍於貴軍開始撤退後不行射擊轟炸及追擊動作但用飛機之偵察不在此限又

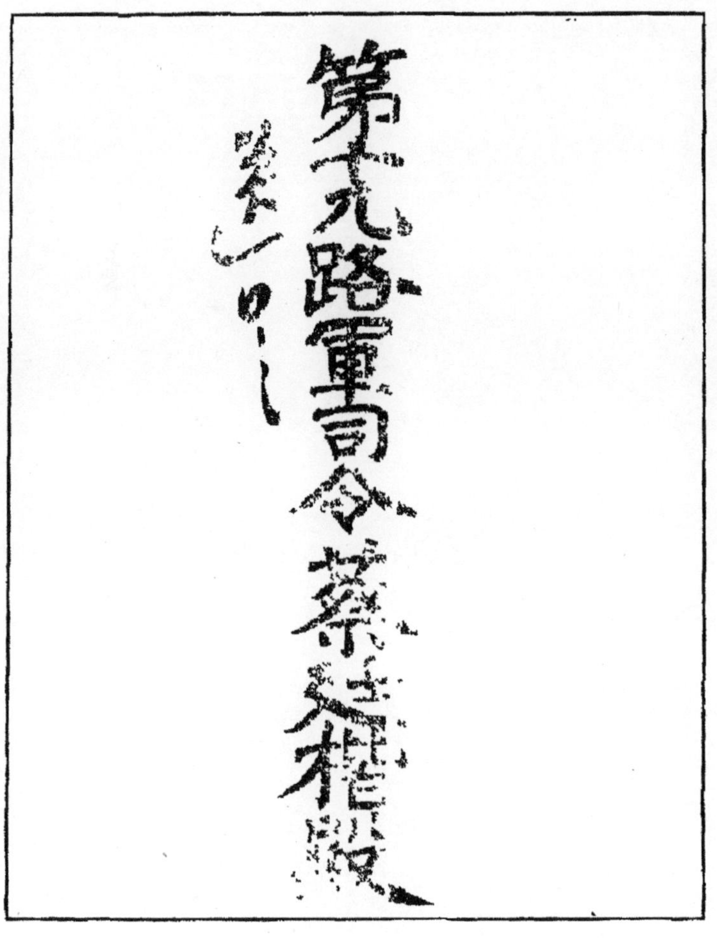

第十九路軍司令蔡廷鍇

本職ハ平和友好的手段ニヨリ任務ヲ達セムトスル切ナル希望ニ基キ茲ニ皇軍司令ニ對シ左ノ件ヲ通告ス

一、皇軍ハ速ニ戰鬪行爲ヲ中止シ三月三十日午前七時迄ニ現陣地ノ線ヲ撤退シ完了シ三月三十日午後五時迄ニ黃浦江西岸地區ニ於テハ租界西北端曹家渡鎭、周家橋鎭及蘇州河線ヲ連ヌル線以北、黃浦江東岸地區ニ於テハ爛泥渡及張家樓鎭ヲ連ヌル線以北各租界ノ境界線ヨリ各〻三十基米ノ地域(獅子林砲臺ヲ含ム)ノ外ニ撤退シ完了シ且右地域內ニ於テ砲臺其他ノ軍事施設ヲ撤去シ新タニ是ヲ設ケサル

コト

二 日本軍ハ貴軍ノ撤退間砲撃射撃爆撃及追撃動作ヲ行ハス
但飛行機ニヨル偵察ハ此限リニアラス
又貴軍撤退後ニ於テハ日本軍ハ蘇州河附近ニ在アル工部局道路地域(虹口公園ノ周圍ヲ含ム)ヲ保持スルニ止ムヘシ

三 貴軍第一線撤退完了ノ後日本軍ハ其實行ヲ確認スル爲護衛兵ヲ有スル調查員ヲ撤退地域ニ派遣ス
右調查員ハ日本國旗ヲ携ヘ識別ニ便ス

四 貴軍ハ右撤退地域以外上海附近ニ在ル

日本人ノ生命財産ヲ完全ニ保護スヘク右保護完全ナラサルトキハ日本側ニ於テ適當ノ手段ヲ執ルヘシ

又便衣隊ハ一切有効ニ是ヲ禁止スルコト

五 上海附近(撤兵區域ヲ含ム)ニ在ル外國人ノ保護ニ關シテハ追テ商議ヲ行フコト

六 排日運動ノ禁止ニ關シテハ一月二十八日呉市長 村井總領事ニ為シタル約束ヲ嚴重ニ實行スルコト

本項ニ關シテハ帝國外務官憲ヨリ支那國上海行政長官ニ對シ別ニ交渉スル所アルヘシ

以上ノ諸項ニシテ履行セラレサル場合ニハ
日本軍ハ貴軍ニ於ケル自由行動ヲ執ルノ
止ムヲ得サルニ至ルヘク其結果生スル一切
ノ責任ハ貴軍ニ在リ

昭和七年二月十八日午後九時

大日本帝国軍司令官 植田謙吉

第十九路軍司令 蔡廷鍇殿

貴軍撤退後日本軍僅保持虹口附近之工部局道路地域（包含虹口公園之周圍）

三、貴軍第一線撤退完了後日本軍爲確認實行起見派遣有護衛兵之調查員於撤退地域該項調查員攜帶日本國旗以資識別

四、貴軍對於該撤退地域外上海附近之日本人生命財產應完全保護之此項保證如不完全日方當採適當之手段

五、關於在上海附近（包含撤退區域）外國人之保護容另商議

六、關於禁止排日運動一月二十八日吳市長對於村井總領事之約諾應嚴重實行關於此項當另由帝國之外務官憲對貴國上海行政長官有所交涉

如以上各項不能實行時日本軍將對貴軍不得已採自由行動其結果所生一切責任應由貴軍負之昭和七年二月十八日午後九時大日本帝國司令官植田謙吉

第十九路軍蔡廷鍇閣下

（乙）村井通牒

逕啓者自一月二十八日晚貴國第十九路軍便衣隊向日本陸戰隊攻擊以來閘北方面中

日兩軍成對抗之形勢二十九日晚雙方雖有停止戰鬭行爲之成約但貴軍隊仍背約向我方射擊或加轟擊使我方不得不予以應戰且以貴國軍隊實行其有計劃的挑戰於是吳淞及江灣方面亦發生軍事行動在此時間貴方一方面散布關於十九路軍勝利無稽之虛報一方面對於我方公正之行動加以種種之誹謗其結果第十九路軍對於防衞租界保護居留民而絕無他意之我軍加以新的攻擊便衣隊出沒於各處依然不停止其惡劣兇暴之行動在留日本人固無論矣即上海租界亦受到非常之威脅本總領事認爲在此之時從速解決由兩國軍隊衝突而起之事態乃極爲必要故希望依照左列條件從速終止戰鬭行爲切望貴國軍隊接受該項條件並望貴市長即行轉達貴國軍隊接受該項條件同時予以切實之履行如貴國軍隊不接受該項條件日本軍隊將有自由行動之事實（一）中國軍隊須於二月二十日午前七時以前將第一線撤退完了於二月二十日午後五時以前從黄浦江左岸由公共租界西北端連結曹家渡鎭周家橋鎭及蒲淞鎭之線起算之租界北部境界線以北及接連黄浦江右岸爛泥渡及張家樓鎭之線以北完全撤退至距租界線二十基羅米突以外之地域（包括獅子林炮台）即將該地域內之炮台及其他軍事設施撤去並不得重

行建築在上海附近而不屬於上述撤退地域內一帶之日本人生命財產須由中國方面完全保護如上項保護有未完全之情形日本方面得執行適當之手段便衣隊中國方面應一概有效禁止之(二)日本軍在確認中國軍隊業已撤退之後僅保持虹口附近之工部局道路地域(包括虹口公園之周圍)日本軍隊自中國始撤退以後停止射擊轟擊及追擊之動作但飛機之偵察不在此限(三)中國軍第一線撤退完了後日本軍爲確認其實行起見得派遣有護衛之調查員於撤退地域(四)關於保護上海附近(包括撤兵地域)之外人另行商議之再關於十九路軍此次採取此種種行動之經過業於二月十五日本總領事致貴市長函中言及認爲畢竟由於貴市長對於一月二十八日答復一月二十日本總領事要求所稱卽時解散抗日會及禁止其他排日運動之諾言未有切實實行之誠意與能力而發生是以本總領事應重新向貴市長要求從速而且完全實行上述貴市長之諾言本總領事以極大之關心監視貴市長對於本案之實行如貴市長不能實行不得不採取適當手段時由此所發生之一切責任應由貴方負擔合併聲明相應函達卽煩查照此致

處置

一、將外交破裂情形及植田通牒請示政府
二、嚴令各部加强工事準備迎擊來犯之敵
三、下達沈師長光漢命令如左
仰即飭八十八師撥歸該師指揮之榴彈炮尅日開至馮家宅歸回建制爲要此令
四、下達區師長壽年命令如左
着該師撥小加農炮二門前往蘇州保護飛機場俟鎮江錢旅所派小炮速到達蘇州後卽歸回建制此令

戰況

本日各方無大接觸敵飛機極活動時向我前後方偵察及擲彈

附電

致丁隊長紀徐巧辰電云

經電令駐鎮江錢旅派高射炮四門至蘇州保護飛機場歸兄指揮惟恐時間關係一面令七十八師卽派高射炮二門至蘇先行保護俟錢旅所派小炮到蘇後卽請飭七十八師派來之兩門歸還建制

十九日

天候　晴

總部駐南翔

情況一

一、據探報日軍現擬避開市街戰及堅固陣地之攻擊以砲火制壓我右翼而以主力突破我左翼後迂迴我後方

二、據報本（十九）日敵之調動運輸甚忙并招收軍夫八百餘名其工事大部已完成

三、敵之攻擊準備已完畢其兵力部署概要如左

甲、閘北八字橋方面之兵力爲海軍陸戰隊及特別陸戰隊殘部編爲八營每營約千人

乙、江灣廟行鎮間之兵力係第九師團全部約二萬人

丙、蘊藻浜南岸至張華浜之間係混成二十四旅團殘部約五千人

丁、艦隊以一部監視吳淞及威脅瀏河主力在黃浦江隨時以砲火支援陸軍之作戰

戊、航空隊以一部撲滅我飛機及破壞我交通主力協助陸軍作戰

情況二

一、蔡軍長吳市長於午後七時分別致文駁覆植田及村井拒絕答覆

蔡軍長覆文云

逕覆者頃接貴司令二月十八日下午九時來函備悉種切本軍爲中華民國國民政府所統轄之軍隊所有一切行動悉遵國民政府之命令來函所開各節業經呈報國民政府核奪辦理由外交部逕行答覆貴國公使本軍長未便答覆此致大日本軍司令植田謙吉中華民國第十九路軍軍長蔡廷鍇二十一年二月十九日午後七時

吳市長覆文云

逕復者昨晚九時接准貴總領事來函所開各節業經閱悉査來函所述上海方面嚴重之形勢均係貴國軍隊違反公約公法任意進攻吾國領土慘殺吾國人民所造成其一切責任應由貴國方面負擔一節迭經函達在案此次貴總領事所請轉達本國軍隊要求實行之各項條款本市長未便轉達査來函所指各節均爲足以影響中日兩國一般關係之問題應由兩國外交代表處理故本市長業已呈報本國政府核奪由外交部逕行答覆貴國駐華公使矣惟應聲明者貴國軍隊現

仍實行挑釁攻擊轟炸無所不爲以致本國人民之憤慨日見增加在此情形之下所謂抗日運動自難消滅因此而發生之一切責任貴國自應完全負擔相應函復即煩查照此致

二、本路軍各師經於十八日晨完畢一切之作戰準備各部位置如十八日所述

判決

敵接我拒絕答覆牒文後必全線向我總攻擊其主力用於中央

處置

爲長久抵抗及減少損害於下午二時下達各部之命令如左

一、本路軍以防衛之手段於鐵路之北選擇防禦線構築強固之工事以完成目的

二、其防禦線之選擇及構築工事之區分如下

（一）防禦線之選擇　以北站——八字橋——雨傘店——楊家樓下——小場廟——蔡家宅之線爲第一線　以潭子灣——譚家宅——彭浦鎮——唐家街——孫家宅——牆前宅——楊煥橋——蔡家宅之線爲第二線　以王家井亭——俞趙宅——王家巷——王家街——李家樓——胡家莊之線爲第三線　以眞茹站——趙家角——柏家宅

——勞家宅——童江宅——馬橋宅——蘇家橋——蘇家池——新宅之線爲第四線

二、各線上之構築工事區分如下

廟行鎮——楊煥橋——李家橋——馬橋宅以北地區（線上屬之）各線未完成之工事歸第五軍擔任構成之

小場廟——場前宅——大場——童江宅之線以北地區（線上屬之）各線未完成之工事歸六十一師擔任構成之

自潭子灣經彭浦鎮至蔣前宅之線其未完成之工事由六十師及七十八師之謝團協同構成之

自王家非亭經王家巷至大場之線其未完成之工事由七十八師擔任構成之

三、各線工事應盡量加其强度尤以機槍陣地之工事益宜堅固

四、各線應構築交通壕以便連繫

五、構築工事之材料除由交通處盡量撥發外餘由各部自行徵集補足之

六、各工事限於兩日內完成之

七、余在南翔

附記　參照五萬分一上海市區圖

戰況

本日上午全線尚平靜下午四時敵機十餘架向我大場一帶偵察及擲彈似偵察我軍是否撤退吳淞方面敵艦向我射擊數十發

附電

致丁隊長紀徐皓酉電云

聞我兄率粵中空軍健兒到蘇來滬參加作戰全軍振奮和會不成聞敵將於明晨總攻望於明早出動驅彼日寇使他不敢在天空搗亂但切勿飛進租界致生糾紛也

呈何部長陳司令長官皓戌電云

(一)昨夜由市府轉送來敵通牒六條强詞背理經市府駁回(二)今午在萬國體育場有小接觸全線無動作(三)據報敵將於明晨總攻謹聞

二十日

會戰之經過

天候　晴

總部駐南翔

情況一

一、本日拂曉後卽有敵機十餘架來我陣地上空偵察

二、晨七時敵全線開始向我方攻擊準備射擊

情況二

一、據報敵陸軍省下令待機之陸軍有二師昨（十九）日定例閣議議決本（二十）日早續開臨時閣議爲派兵援滬之最後決定故該兩師先頭部隊日間卽可到滬

二、敵砲兵主力在跑馬廳東邊一帶放列

判決

敵本日開始向我總攻主力在跑馬廳附近企圖向我江灣作中央突破

處置

一、以電話嚴令各師照前令應戰

二、爲防禦敵戰車之攻擊下達如下之命令

(一)將各所在陣地前之河溝兩岸削成絕壁并設法增加河之寬度(其寬度在一丈五尺以上爲妙)深度如能使之愈深則愈好但所削之土不可塡在河中尤須注意對此河溝設置側防機關

(二)潮水漲時將河之下流堵塞使水增深

(三)俟敵人戰車陷入河溝後卽以手榴彈投擊之

三、令工兵教導隊藥隊附率隊赴大場歸六十一師指揮

四、請蘇省修築南翔太倉崑山嘉定瀏河各線公路以便後方之交通

戰況

甲、右翼軍

(一)眞茹南市無戰事

(二)六十師方面

閘北之敵於拂曉至午後五時以砲火向我北站寶興路天通庵路青雲路一帶陣地猛烈射

擊復以特別陸戰隊二千由河南路分向我新民路及寶山路第四團進攻激戰終日肉搏逾退十餘次敵始退去

八字橋之敵係第九師團金澤聯隊之一部約八百人向我八字橋左翼攻擊與我第二團接戰至午後數衝不逞乃改以砲火壓制我方

江灣車站至楊家樓沈家宅孟家宅之線敵於七時開始攻擊準備射擊至九時敵第九師團富山聯隊約三千人附騎兵二隊唐克車二十餘輛掩護由新三民路等處向我守江灣車站之第三團第一營猛攻同時飛機十餘架協同轟擊陣地附近房屋火光四起黑烟迷漫我軍俟其唐克車接近卽行放發地雷毀敵唐克車六輛但敵仍依砲火之掩護突擊二十餘次至下午五時敵飛機斂跡營長李畏乃乘機向敵衝鋒肉搏二小時敵始潰退因係突入部未敢追擊至十一時敵復調金澤聯隊千人增加向我逆襲經官兵死力擊退李營長畏及連長二員受傷楊家樓沈家宅孟家宅陣地自拂曉卽受敵砲火之射擊飛機之轟擊繼則敵第九師團熊本步兵混成聯隊千餘人向我第六團第三營沈家宅孟家宅猛攻其敦賀混成聯隊約二千餘人由持志大學譚家宅一帶移動有由南繞攻江灣車站模樣我在孟家宅之前進排

因衆寡懸殊排長陣亡全排傷亡淨盡孟家宅遂爲敵佔領劉旅長即令第三團三營增援至黃昏後始將佔領孟家宅之敵包圍殲滅而恢復孟家宅陣地

(三)六十一師方面

晨七時十分敵砲兵開始向我江灣第二團第一營陣地射擊我跑馬廳之警戒部隊一面抵抗一面撤退時我各部已進入陣地至午前八時敵已抵跑馬廳西端依砲火及唐克車十一架之掩護由跑馬廳南北端來攻至九時被我狙擊砲擊毀三輛至十時敵步兵進至距鐵道百米達雙方肉搏敵突擊部隊每次數十人均被我機槍及手榴彈撲滅生還無幾至下午一時戰鬭益劇我陣地房屋焚燬殆盡副防禦之鐵絲網亦十九被擊壞第二營四六兩連官長傷亡殆盡士兵亦損失過半至下午三時敵已進至江灣鎮北端向我第三營猛攻至四時團預備隊已用盡全團死傷極大戰況益惡劣經第三團第一營增援後始維持原陣地敵因一再突擊死傷比我加倍入黑後遂停止攻擊我即乘夜修築工事

乙、左翼軍

(一)八十八八十七兩師正面敵自晨即以重砲及海軍砲向我廟行鎮紀家橋吳淞各要點集中

射擊隨即以步兵向我攻擊前進其飛機在空中掩護砲火極力向我步兵制壓我軍俟其步兵接近即與之肉搏敵遂潰退

（二）吳淞方面有敵艦十三艘飛機二十八架向我陣地猛烈轟擊在張華浜之敵砲兵亦集中火力向我陣地射擊寶山城及獅子林被敵艦砲擊機炸尤烈至下午三時敵以小裝甲電船掩護民船三十餘隻每隻裝陸戰隊三十餘名在飛機兵艦掩護之下企圖在砲台灣附近强行登陸經我軍沉着射擊將敵擊退我獅子林砲台擊傷敵艦一艘我砲台被毀三十零五生的砲一門五生的七小砲一門吳淞鎮全鎮起火（參看編末第二圖）

附電

號日通電

暴日蔑視我國家政府以挑撥造謠之卑劣伎倆違反通例罪獨致本軍以蠻橫之最後通牒本軍惟有以鐵血答覆之軍人報國粉身碎骨是分內事大戰開始之日即本軍授命之時使一卒一彈猶存則暴日決不得逞惟願全國朝野上下人人懷必死之志引偷生苟免為無上恥辱團結一致前仆後繼則本軍之犧牲為不虛伏屍流血之戰士必含笑於九泉矣第十九路總指揮蔣光鼐軍長蔡廷鍇淞滬警備

司令戴戟師長沈光漢毛維壽區壽年副師長李盛宗張炎譚啓秀旅長劉占雄鄧志才張勵翁輝騰黃固賢全體官兵同叩

呈 陳司令長官號巳電云

和議不成敵於今晨向我全線總攻現據各方報告有敵四五千鐵甲車二十餘架飛機二十餘架於上午八時向我八字橋江灣小場廟廟行鎮各線前進與我前哨接觸吳淞方面有敵艦十餘艘施行猛烈砲擊江灣方面被我地雷炸燬鐵甲車六架並擊墜敵飛機一架餘續聞

呈 何部長陳司令長官號申電云

(一)據報敵又派兩師增援其先頭部隊日內可到滬(二)英美對日方表示華軍進入該警備區即予解除武裝(三)敵擬派機及便衣隊破壞京滬滬杭兩路等語對京滬滬杭兩路請注意

致顧主席祝同號酉電云

茲擬請添築省公路辛莊至南翔至崑山至太倉至嘉定又太倉至瀏河便利軍事行動起見希即派幹員會同滬市府商洽速成為盼

呈 汪院長號酉電云

(一)皓未電今朝始奉到此後如有電示懇直拍職部使用之無線電隊八十三分隊(二)敵特蠻蔑理和議已無望今晨敵萬餘鐵甲車二十餘飛機十餘架幷兵艦十餘艘分向我閘北江灣互吳淞一帶猛烈攻擊經我軍奮勇抵抗有敵一部已被我擊退幷燬敵鐵甲車六架八字橋江灣之線則仍在激戰中(三)敵恃物質之優越蔑視公理以求一逞而正誼所在當以精神與犧牲而壓倒之謹復

二十一日

天候　陰晴傍晚微雨

總部駐南翔

情況一

一、據報敵左翼軍編成及作戰計劃如左

1. 閘北方面以特別陸戰隊及陸戰隊任之

2. 天通庵以北至江灣間爲第九師團之主力

3. 其預備隊在新公園

4. 主力之第九師團佔取江灣後即行左轉衧與閘北陸戰隊成十字戰法以佔領閘北

二、據報攻擊廟行鎮之敵係混成二十四旅團全部張華浜附近之敵兵力極少

情況二

我政府決長期抵抗經密令各方調軍增援

戰況

甲、右翼軍

(一)眞茹以南地區無戰爭

(二)六十師方面

敵昨攻江灣車站失敗後本日晨復以步兵二千人附騎兵一大隊耕唐克車及烟幕彈之掩護接近我江灣車站陣地突擊經我第六團三營奮勇抵抗激戰竟日敵傷亡甚衆黃昏後復以步兵三千人增援分向兩翼進攻經我第二團二營增援數行肉搏敵不支退去至閘北八字橋方面之敵只向我佯攻而已

(三)六十一師方面

午前六時三十分敵砲兵開始向我射擊七時敵飛機亦來投彈至七時五十分敵步兵乘重

砲飛機之掩護向我陣地猛撲我官兵沉着應戰至八時以後我修復之工事多被砲火及飛機炸擊所破壞同時楊家樓下陣地亦多被敵砲火破壞敵遂以密集部隊向我江灣第二團一、二營陣地猛衝激戰至九時敵雖稍退然其援隊仍繼續增加戰況愈趨愈危第二營四個連長均受傷士兵亦傷亡過半陣地在敵火之下無法修復所幸士氣極旺尚能支持至正午十二時敵飛機在上空指示目標敵砲之射擊效力更大江灣民房工事幾全被敵砲火燬滅乃以第三團第一營加入前線極力抵抗激戰至五時敵以受創過大而攻擊仍無進展乃逐漸移其攻擊方而於嚴家橋以北之地區兩日來之惡戰我第二團官兵陣亡六百餘員名陣傷官兵六百餘名損失已超百分五十以上而仍能支持者蓋士氣如虹雖全團殲滅亦不稍退其悲壯誠堪景仰矣

乙、左翼軍

(一)八十八師方而

敵自拂曉以前集中砲火向我江灣廟行鎮之間猛轟至五時敵步兵即向我嚴家宅廟行鎮之線猛烈攻擊敵機十餘架在空轟擊血戰竟日入夜仍在激戰中

(二)八十七師方面

本日午前一時敵砲兵隔河向我蘊藻浜北岸陣地射擊我步兵藉砲兵掩護企圖强行渡河攻擊甚猛此方敵係助戰性質激戰二小時即被我擊退在董陸宅附近被我二五九旅五一七團小砲擊落敵八四六號水陸戰鬪機一架機師田中大尉殞命

(三)吳淞要塞方面

午前六時張華浜之敵砲兵即向我第四團陣地射擊其兵艦十三艘飛機十八架亦紛紛向我沿河及砲台灣陣地轟擊在蘊藻浜南岸之敵步兵有渡河攻擊模樣至下午三時戰鬪暫停而敵砲仍不斷射擊我第四團三營八連連長胡金聲在永安紗廠督士兵構築槍眼被敵砲彈射中而入官兵七八人同時陣亡血肉橫飛趙連長頭顱及四肢均不見嗚呼可謂烈矣

(見編末第二圖)

附電

奉

陳司令長官李委員濟深馬午電開　政府經決定長期抵抗計劃密令各方調軍俟而詳察速飭員僱夫構築劉河羅店廣福南翔黃渡陣地如不得已時之第二重防禦線弟等即夜帶同工兵軍官

前來
致丁隊長紀徐馬申電云
號電奉悉敵機日來四處轟炸尙盼貴隊速來助戰以挫敵鋒敵機場在滬江大學球場叚華浜鐵路碼頭浦東高橋鎭及楊樹浦華租交界處約計四處如能乘其不備轟炸之尤善再敵機場與沈家宅虹口等處均有高射砲特幷復
呈　何部長陳司令長官馬酉電云
(一)敵企圖攻佔江灣側攻閘北今日戰事於江灣爲最激烈守兵兩團傷亡將及二分之一吳淞閘北無激戰路透電諸傳江灣失守全是無稽之談(二)敵以大砲及飛機向我江灣一帶轟炸燬壞重迫擊砲三門小加農砲六尊機關槍多挺(三)入黑後戰況稍沉寂我方集中砲火轟擊江灣前面之敵多命中謹聞
呈　國府汪院長何部長陳司令長官諸委員馬酉電云
敵在滬海陸空軍今日全部出動向我前線猛攻始以砲火之壓迫繼以唐克車掩護陸軍突擊並企圖突破我中央故江灣車站及江灣鎭間戰事爲最激烈該處受敵機數十架之陸續擲彈及砲火之轟擊

所有房屋工事被毀淨盡嗣後陸軍數千藉唐克車十餘架之掩護拼死來衝經我死力抵抗斃敵甚多我毛師在江灣鎮第二團之官長傷亡殆盡士兵亦傷亡甚多現仍在苦戰中但敵砲所發多燒夷彈江灣鎮房舍四週起火勢極危殆閘北廟行鎮曹家橋吳淞一帶亦受敵之猛衝我官兵沉着應戰敵均不得逞惟尚未退仍與我相持中同時敵機來真茹南翔一帶擲彈傷人民極多燒燬房屋數座劉家行方面被我擊落敵之846號戰鬭機一架內有機關槍兩挺其田中大尉機師死焉

二十二日

天候　早霧午晴

總部駐南翔

情況一

一、據探報敵軍昨（二十一）日到三四千人在瀏華浜登陸

二、敵因二日來攻擊江灣失敗其主力己逐漸往北移動有轉移攻擊目標於廟行鎮間之勢

三、據報敵第九師團兩日來與我血戰死傷已在二千五百以上

戰況一

甲、右翼軍

(一)真茹以南地區無戰事

(二)六十師方面

閘北方面本晨八時敵特別陸戰隊一部約三千人分向我天通庵路青雲路中山路陣地衝擊經我一五兩團守兵迎頭痛擊激戰四小時敵因被我手榴彈殺傷過衆退回原陣地與我對峙中

江灣車站附近上午九時敵集中砲火及飛機二十餘架連續向我陣地射擊轟炸附近房屋燃燒極烈敵遂乘機以裝甲車二十餘輛掩護第九師團之一部約二千餘向我第三團陣地猛攻我軍俟敵接近至有效射界一舉以猛烈火力壓迫敵死傷極大不得逞同時敵十四聯隊亦向我八字橋寶興路來犯與我第二團劇戰至黃昏我第二團以一部襲擊持志大學屈家橋之敵敵出不意死傷狼藉前線牽動潰退我因恐虹口公園之敵側背射擊未窮追

(三)六十一師方面

我六十一師一二一旅第二團在江灣血戰二日損失過半乃於二十一夜十時調第一團接

替江灣陣地該團回後方整理第一團之楊家樓下陣地由一二三旅第四團接替

本日上午六時敵復以重砲向江灣鎮猛烈轟擊同時敵爆擊機十餘架環繞上空向我第一團陣地投炸彈及燒夷彈霎時濃烟四佈火焰蔓延至午前七時三十分敵唐克車八九架由跑馬廳方面分數路向我一二三營正面衝來掩護其步兵前進當敵砲火猛烈時我大部均分散於掩蔽地及敵步兵接近則以手榴彈及機槍射殺之故我損失僅數十員名而敵恆數倍之激戰至午前十時勢稍殺

乙、左翼軍

(一)八十八師方面

本日晨五時許敵以混成旅團主力八九千在大小麥家宅之間將我五二七團第三營陣地突破一點該營營長陳振新陣亡俞師長乃令李副師長延年率二六四旅錢旅長倫體二六二旅副旅長陳普民工兵營營長唐循率部反攻俞師長率幕僚及五一八團之一營至顏家宅督戰未幾錢陳兩旅長負傷工兵營唐營長循陣亡俞師長乃嚴令極力抵抗拒止敵人擴大突破口至八時雙方在大小麥家宅對峙中張軍長據報即率軍校教導隊(欠一營)至

馮家宅八十八師指揮策應令八十七師二五九旅向廟行正面增援二六一旅以火力側射援助經二六一旅宋旅長之建議決定該旅以四營兵力渡蘊藻浜出擊總部據前方電話報告後上午九時即決心由江灣蘊藻浜廟行鎮正面三方同時出擊而作如下之部署

(一)閘北至江灣施行猛烈之佯攻

(二)六十一師張副師長炎率四五兩團由江灣西北端向敵側擊

(三)七十八師以一團接六十一師楊家樓下陣地一團控置於夏家宅策應八字橋

(四)八十七師孫旅(二五九旅)加入廟行鎮正面與八十八師同時出擊

(五)八十七師宋旅(二六一旅)以主力由蘊藻浜渡河出擊

(二)八十七師方面

本師正面敵未猛攻只隔河砲戰至正午二六一旅以四營渡河出擊二五九旅加入八十八師正面出擊

(三)吳淞要塞方面

本日早在蘊藻浜與黄浦江合流處之敵艇經用機槍射擊後紛紛逃去至正午敵機十二架

艦隊七艘又向我吳淞陣地擲彈轟擊而獅子林砲台方面則被由上游開來之敵艦九艘猛烈砲擊我砲台即應戰雙方砲戰三小時敵艦退去我砲台之十二吋口徑大砲全毀藥庫亦燬而官兵則尙少傷亡

情況三

上午九時總部決心三方出擊後隨即以電話令知各部行動至下午三時各部到達準備出擊位置其戰鬪經過如左

戰況二

六十師方面正午一時即全線向敵猛烈佯攻以威脅當面之敵六十一師張副師長率四五兩團對敵攻擊前進至下午五時三十分進佔趙店宅前端至七時餘在趙店宅前端村落及孟家宅之敵即縱火焚燒有退却模樣張副師長乃派一部追擊之至十一時佔領孟家宅八十八師及孫旅正面因敵砲火集中射擊苦戰仍不得進展宋旅於正午以四營開始渡河至下午二時半在北沈宅附近正向敵側背前進至七時與北沈宅之敵接觸將其擊退後佔領之至九時進佔南沈宅突入廟行鎮南端之敵經我三方猛烈出擊後遂向殿行鎮總退却其殘部約二連被我包圍之於金穆宅由孫團負責解決之計本

日我八十八師死傷最大錢旅長及陳副旅長負傷營長傷亡六員連排長傷亡九十餘員士兵傷亡一千餘名我一二二旅第五團傷亡過半八十七師傷亡六百餘總計敵傷亡亦在三千以上敵全線已搖動我軍因傷亡過大且無砲兵卒不能乘此良機將全線轉移攻勢而收殲敵之效殊可慨也（見附圖第八及編末第三圖）

附電

陳司令長官呈蔣委員養戌電云

現細察前線作戰情形及影響各國關係依蔣蔡等意見決不宜撤退且因戰鬭日烈亦不能抽兵回作工事茲決定以南翔瓦瀏河之線為第二防禦地帶由吳工兵監規劃工事請飭上官雲相所部前來擔任作工為協前方兩軍協同作戰情同手足無殊一軍必能發揮最大之光榮請釋廑慮但為持久抵抗之計務請俯照前言迅調江西陳衛譚各部兼程前來無論現在前線如何犧牲亦可達到目的也

致丁隊長紀徐養午電云

馬日大函敬悉本日敵向江灣以北地區廟行鎮一帶猛烈攻擊正苦戰中請飭飛機飛來助戰以期一舉而殲滅之

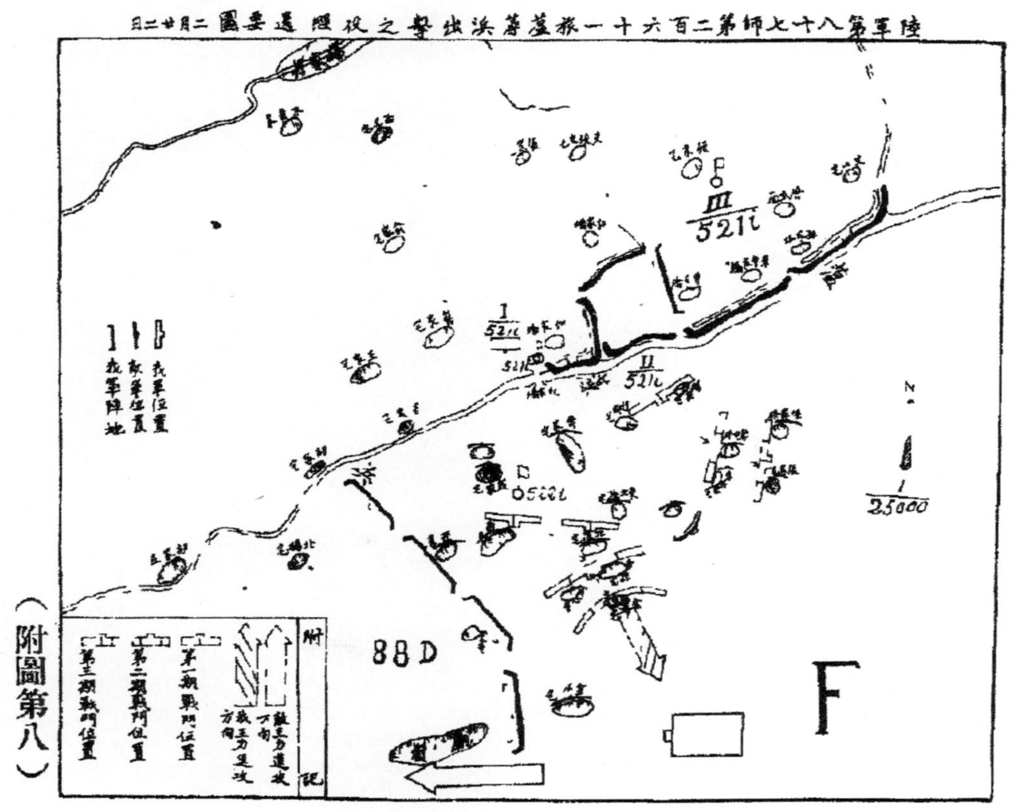

（附圖第八）

陸軍第八十七師第二百六十一旅蘆蒿浜出擊之役經過要圖 二月廿二日
我軍位置
敵軍位置
我軍陣地
I
521i
II
521i
III
521i
88D
F
1
25000
附記
敵主力進攻方向
我主力進攻方向
第一期戰鬥位置
第二期戰鬥位置
第三期戰鬥位置

陳司令長官呈汪院長蔣委員李委員養申電云
現與蔣蔡等熟商依目前戰況我軍如撤據南翔附近戰線愈長又不能脫離敵火士氣影響亦大更難持久決死守原線待援除請嚴飭上官雲相星夜渡江前來外並懇再抽調江北部隊渡江重砲及湖北砲兵亦請調來日方憚攖大戰區當不至向我渡江部隊尋釁若果萃發此正我之利務乞迅決又蔣鼎文師何日可到盼覆據報日再增援三師已陸續到滬並聞

二十三日

天候　陰寒

總部駐南翔

情況一

一、據報敵之援軍昨（二十二日）在張華浜登陸兵數及番號不詳

二、三日來植田謙吉所指揮之三萬餘人總攻失利敵方為維持其強國威風篩難下台據報敵確委軍事參議官陸軍大將菱刈隆為上海派遣軍司令并增援三師限一週內到滬并有不擊破我軍不能罷休之勢

三、本晨敵飛機往蘇州攻擊我飛機在蘇州作空戰

戰況

甲、右翼軍

(一)真茹以南地區無戰事

(二)六十師方面

本日閘北八字橋無戰事敵大砲及飛機不時向我擾亂而已

(三)六十一師方面

午前十時前郭家宅戰鬬頗烈而江灣方面則敵之砲火及飛機轟炸不絕守江灣紀家花園之第一營受敵機轟炸倒洋房七八間波及陣地被炸死傷亡百餘名炸毀埋沒槍枝二十餘桿

(四)七十八師方面

該師第二團昨日接替楊家樓下陣地第三營派出前面之停止偵察俘獲敵第九師團第十九聯隊步兵少尉西尾甚六一員

乙、左翼軍

(一)八十八、八十七兩師方面

正面無戰事在金穆宅包圍之敵殘部本日是敵增加援隊二千餘該敵乘機衝出

(二)吳淞方面

敵機及艦隊不時向我陣地擾亂轟擊

處置

我八十八師昨日與敵決戰損失極大亟待整理而昨二十二日之出擊後各師之作戰地境亦多變動乃對左右翼軍下達如左之命令

命令 二月二十三日午後一時 於南翔總部

一、敵情如貴官所知

二、本路軍決心同前

三、着右翼軍六十一師副師長張炎率所部三團(在羅店之鄭團歸回建制)附八十八師獨立旅古興於本日午後六時至江灣以北廟行鎮以南一帶接左翼軍右翼之防務應於午後十二時以

前接替完畢

四、左翼軍八十八師着撤回廟行鎮西南一帶地區集結整理幷相機策應六十一師所遺防務在廟行鎮以南地區由六十一師派隊接替其廟行鎮以北地區（該鎮屬之）防務仍由左翼軍擔任之六十一師鄭國所遺維店防務交左翼軍派隊接替（應於本日黃昏前接防完畢）

五、右翼軍與左翼軍之作戰地境從新區分如左

殷家行南端——姚家宅——廟行鎮南端李家橋之線（線上屬左翼軍）

六、余在南翔

情況一

一、六十一師按上述之命令作如下之配備

(一)第一二一旅擔任右自江灣左迄嚴家橋附近（江灣鎮屬之）之陣地守備其第一線之兵力由該旅長酌量配備之

(二)第一二二旅附八十八師獨立旅古團即接替左翼軍在嚴家橋以北廟行鎮以南之陣地守備其第一線之兵力由該兼旅長酌量配備之

在瀏河之第六團俟防務交左翼軍後歸回建制

二　左翼軍張指揮官按上述之命令對八十七、八十八兩師下達如左之命令

（一）奉　蔣總指揮命令要旨（從略）

（二）本軍遵令將第八十七師陣地正面從新劃分如左

第二五九旅應自廟行鎭（含）經周行至蘊藻浜南岸右與我六一師左與我二六一旅聯繫

第二六一旅應撤歸蘊藻浜北岸原陣地線

（三）各部隊應在擔任之正面內及其後方構築數線之强固工事（其工事線位置參照前發之數線工事構成命令）并在各線上要點如廟行鎭（第一線）楊焕橋（第二線）李家樓（第三線）馬橋宅（第四線）各點逐次構成極堅固之據點

（四）第八十八師將防務交與六十一師後務於明（二十四）日拂曉以前撤至葛家神裏宅西唐橋附近地區集結整理併相機策應六十一師及八十七師

（五）教導總隊除以步兵一營留駐於劉家行南側陸家橋附近其餘移駐羅店瀏河擔任楊林口

瀏河川沙口一帶警戒並派兵一連接獅子林南閘洞北閘洞防務原在該處擔任警戒之二五九旅步兵一連俟防務交代後即歸還建制

(六)工兵營仍回駐劉家行待命

(七)余在劉家行軍部

三、派員計劃構築第二陣地帶

附電

呈　陳司令長官分轉汪院長蔣委員梗辰電云

敵自號日企圖在江灣間突破我中央之計劃失敗後昨晨以全力向廟行鎮我八十八師正面突擊血戰四五小時廟行鎮南端之麥家宅有一部被敵突破八十八師錢旅長受傷隨令六十一師張旅長率部由江灣以北孟家宅一帶八十七師宋旅渡蘊藻浜向侯家木橋南北沈宅一帶夾攻該敵八十七師孫旅同時增加八十八師正面盡力反攻同時並令閘北江灣間施行佯攻牽制敵軍實行主力戰彼此突擊十餘次苦戰竟日始將敵完全擊退是役殲敵極多傷者無數我八十八師奮勇殺賊傷亡尤大亟待整理已令六十一師派隊前往江灣北廟行鎮南地區接替該師之防務矣

呈　何部長梗午電云

第二陣地帶設計已妥擬先行完備通信網之設備第一次架設以嘉定爲中心分向瀏河羅店南翔黃渡一帶完成後再架設由崑山經太倉至瀏河由崑山經嘉定至沈家橋由嘉定至廣福等線連絡之懇鈞座飭交通兵團迅派信隊即來架設爲禱

致嘉定崑山縣長梗電云

本軍擬在瀏河嘉定崑山一帶構築工事仰即火速招募民伕每縣三千名其構築方法由本部派員指揮至需用經費暫由各縣墊出將來可由縣款項下作正開支除電知顧主席外特此電達遵照

呈　何部長陳司令長官轉汪院長蔣委員漾電云

敵昨猛攻廟行鎮被我擊退後今日仍欲由江灣廟行間實現其中央突破之企圖今晨在江灣以東之敵紛向廟行鎮方面移動以一部向我廟行鎮南端之塘東宅猛攻幷以猛烈砲火向小場廟附近射擊掩護其步兵前進卒以我官兵奮勇沉着俟其接近以手榴彈爲肉搏之唯一武器敵卅來猛攻卒不得逞惟查滬戰迄今將及兩月敵傷亡雖大而接濟不斷我方似應統籌應付速派有力部隊增援以免孤軍久戰爲叩

本　鄧參謀長世增梗未電開　今晨晤蔣先生催速增援並云預算增援部隊須在十日之後希囑蔣蔡諸兄務照原定計劃迅在南翔之線趕築工事以期長久抵抗至撤退時間由蔣蔡諸兄察看情形自行決定等因查增援部隊難期迅速備述實情懇請兄等查察情形妥為處置為禱

二十四日

天候　晴

總部駐南翔

情況一

一、據探報昨（二十三）日到滬日陸軍約五千係十一師團等語（按十一師團於三月一日在七了口登陸此蓋係第九師團及混成二十四旅之補充兵）

二、敵自昨晚起在廟行江灣一帶地區構築工事

三、據報敵三日來之死傷共六七千人

判決

敵暫取守勢以俟其援軍之到達企圖繼續攻擊

決心

本路軍決心同前

處置

一、經吳工兵監和宜及本部蔡參謀榮之詳細偵察後決定第二陣地帶之配備如左

1. 江灣鎮東端仙師廟陳家行劉家行羅店新鎮之線爲警戒陣地帶

2. 南翔鎮南端小南翔廣福羅店之線爲中間陣地帶

3. 黃渡鎮陸家巷嘉定周家橋瀏河上西涇營之線爲主陣地帶

4. 俟主陣地帶完成後再偵察後方陣地帶

二、由吳工兵監成立築城部集中在京之工兵將校指導民伕構築之

情況二

一、拂曉前我廟行鎮以南至江灣北端嚴家宅之線陣地由六十一師一二二旅接替完畢由廟行鎮經周巷至蘊藻浜南岸之線陣地由八十七師二五九旅（孫元良旅）接替完畢二六一旅亦已撤回蘊藻浜北岸

二、八十八師撤至葛家神堂宅西唐橋附近整理中

三、敵飛機來炸南翔車站毀鐵路兩段軍民死傷十餘人

戰況

甲、右翼軍

(一)真茹鎮以南地區無戰事

(二)六十師方面

敵斷續向我閘北八字橋江灣南端作擾亂射擊

(三)六十一師方面

第一二一旅以第一團及第二團第三營配備於江灣鎮作縱深之配備控置於江灣鎮後方各村莊本日午前二時我第一團第三營及第二團三營之一部由東葛家橋向顧家宅前端之敵夜襲該敵係乘夜向我東葛家橋突擊作業嘗被我夜襲部隊包圍俘獲敵第九師團步兵第七聯隊第二大隊長空閑升少佐一員斃敵大中尉各一員士兵百餘獲重機關槍三挺輕機關槍一挺步槍數十桿敵旗三面鐵帽數十頂餘敵衝出逃去第一二二旅於拂曉前接替八十八師之陣地完畢本日晨敵砲火及飛機仍不斷轟擊我陣地至正午十二時以一

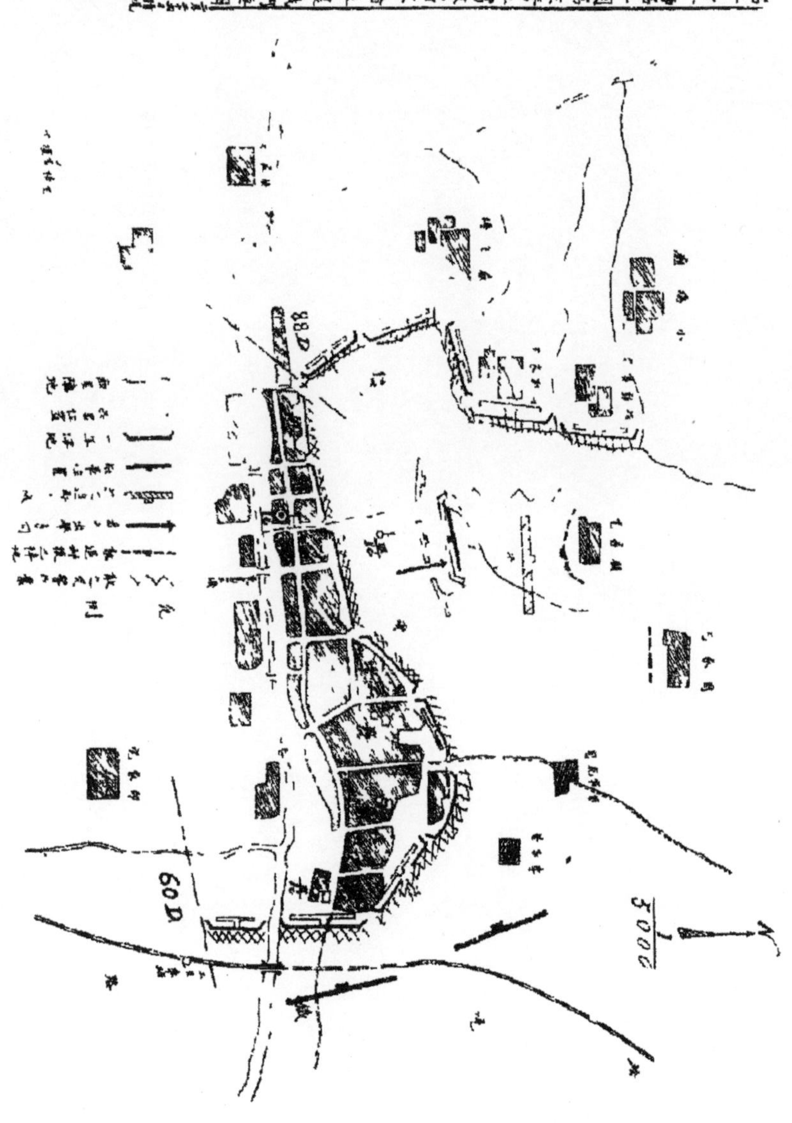

（附圖第九）其一

部分攻我五團前後郭家宅第四團竹園墩及古團陣地攻擊接觸數小時入黑後敵始退去

（見附圖第九其一）

乙、左翼軍

（一）八十八師撤同西唐橋附近整理

（二）八十七師二五九旅略有小接觸二六一旅方面沉寂

（三）吳淞亦只見敵機及艦隊斷續來擾而已

附電

呈 何部長陳司令長官敬申電云

（一）本日戰況沉寂敵似待援據市府電話敵十一師團明日可抵滬登陸等語（二）今午後三時半敵機數架來南翔轟炸被毀鐵路兩段車輛六卡經派員工作修葺矣謹聞

呈 何部長陳司令長官幷轉蔣委員敬戌電云

一、職與吳工兵監決定陣地配備如左（甲）江橋鎮東端仙師廟陳家行劉家行羅店新鎮之線爲警戒陣地帶利用河川及村落構成堅固之據點（乙）南翔鎮南端小南翔廣福羅店之線利用河川及村落椿成中間陣地帶(丙)黄渡鎭陸家巷嘉定周家橋瀏河上西涇營之線爲主陣地帶構成大縱深及永久工事二、爲統一築城指揮及集中工兵將校擬請成立築城部歸吳工兵監指揮調在京各軍校工兵教官及築城專家負一切設計經理全責上呈兩項當否乞示

奉　陳司令長官敬午電開　(一)南翔瀏河地帶之工事速構築(二)上官部現僅渡過一團及京守備之某團可先調往(三)蔣鼎文師下月五號方能到三團(四)須看日軍增加兵力如何再定計劃

奉　吳市長敬午轉中央執行委員會梗電開　頃接戰報知我軍於昨晚奮勇慘戰三路皆捷殲敵殆盡等語查我軍以必死之決心於暴日犀利軍器之下節節抗戰所向無前維持國家主權彰明國際正義捷電頻傳嘉慰彌深尚望繼續努力以竟全功

二十五日

天候　晴

總部駐南翔

情況一

一、昨(二十四)日敵之砲兵均往前變換陣地

二、敵之援軍第十一師團昨（二十四）晚共到半數八九千人餘本日可抵滬（按十一師團主力三月一日在七了口登陸此係第九師團及混成二十四旅團之補充兵及各特種部隊）

三、據報敵本日總攻企圖在三月三日國聯大會開幕前壓迫我軍退距上海租界二十公里以便站在有利地位發言

判決

敵援軍已到達必續向我攻擊其主力仍使用於中央

戰況一

甲、右翼軍

(一)眞茹以南地區無戰事

(二)六十師方面上午無戰事

(三)六十一師方面

本晨敵即集中砲火向我江灣北端至廟行中間之一二二旅陣地施行破壞射擊繼以步兵六七千分向我一二二旅左地區隊古圜金家木橋陣地中央地區隊第四團竹園墩陣地右

地區隊第五團小場廟陣地一再猛攻激戰至十二時前仆後繼敵我均作殊死鬬我正面陣地受敵砲火破壞殆盡第四團第一營官兵傷亡過半第五團傷亡三分之二尙拼力支持古團右翼第一營已動搖張兼旅長卽令第六團兼代團長孫蘭泉率二、三營增加古團第一營增加第四團極力逆襲張兼旅長馳至顏宅指揮激戰至午後二時敵稍退左地區及中央地區始穩定而右地區隊第五團左翼第三營在小場廟陣地受敵破壞該團死傷已三分之二火力疏薄官兵苦戰終日師部派來增援之敎導團尙未到達於午後二時三十分被敵突破該營乃撤退至何家宅抵抗張兼旅長據報卽令副旅長龐成指揮敎導團及第四團長率第六團第一營恢復原陣地各部到達後第六團第一營展開於廣肇山莊東北敎導團展開於何家宅及廣肇山莊之間對突入之敵反攻卒以敵火猛烈傷亡太大乃在陣地固守以待夜間舉行夜襲（見附圖第九其二）

情況二

總部據報知第一二二旅苦戰終日正面已被優勢之敵突破乃決心乘敵援軍新到尙在休息整理先將敵第九師團擊破之而令全線出擊當以電話令知行動隨以命令補送之

（附圖第九）

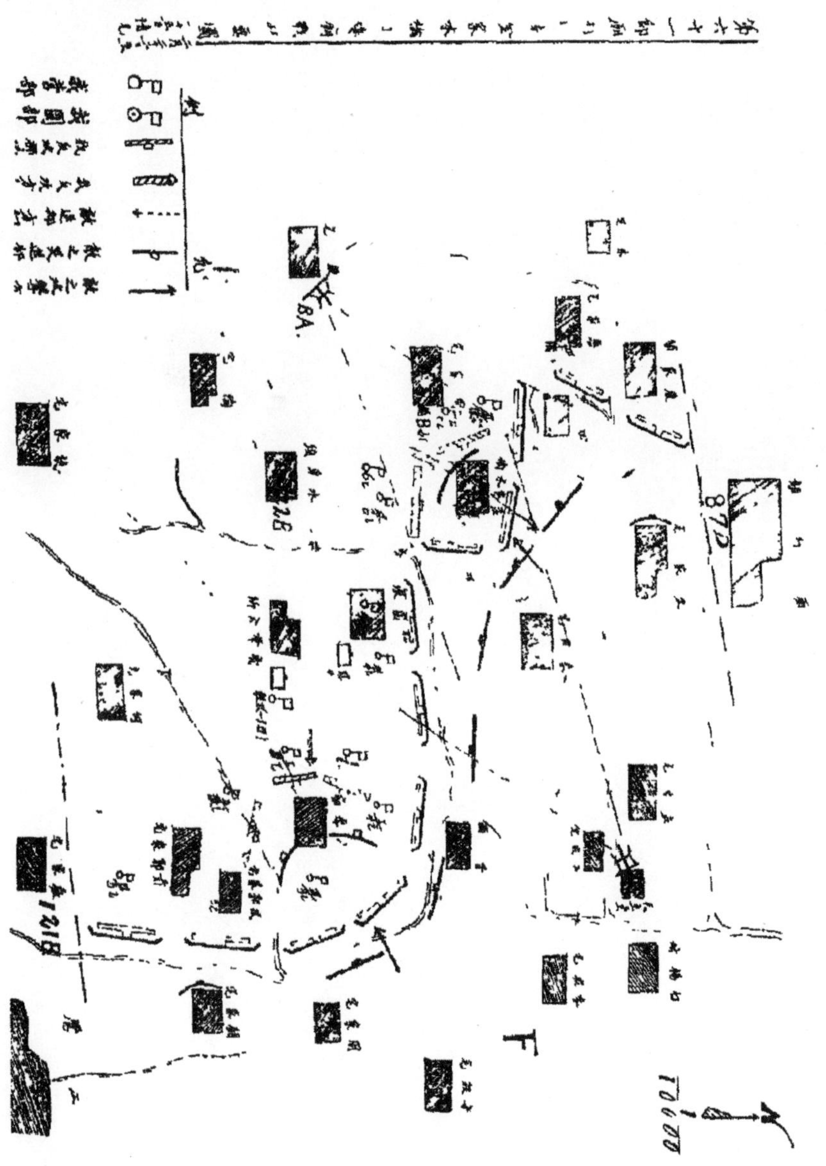

命令二月二十五日午後九時於南翔總部

一、敵第十一師團已到滬約五千人現在休息整頓中其前線主力似在大洸宅——梅園宅一帶作縱深之配備有向我膷行——江灣中間突破之企圖

二、本軍擬先擊破其主力決今（二十五）晚施行全部出擊

三、右翼軍

1. 六十師應以全部向當面之敵攻擊前進

2. 六十一師（附古團）以大洸宅——白涤宅爲攻擊目標得手後即向陶家灣經印宅前進

3. 七十八師之主力（翁旅第五團即調大場附近爲該師預備隊）由夏家蕩——嚴家宅側擊大洸宅以南之敵得手後向周家宅湯朱家橋前進

4. 王賡旅（缺古團）仍在原地嚴密警戒以一部接替七十八師楊團之任務

四、左翼軍之主力應以侯家木橋——金穆宅及其以東白涤宅北端爲攻擊目標佔領後續向鍾家宅——西唐家橋追擊前進但應抽調翁旅之一團至大場以東歸回七十八師建制

五、各部應於黃昏後運動至攻擊準備位置於午後十一時施行總攻

六、給養由各部自行籌備

七、余在南翔

戰況二

甲、右翼軍

(一)六十師方面

沈師長奉出擊之命令後即令一一九旅旅長劉占雄率兵二團於黃昏至聖堂宅之準備攻擊位置至午後十一時向復旦大學萬國體育場天樂寺之敵攻擊前進其餘閘北江灣南端之守備隊佯攻以牽制當面之敵進展極順我劉旅先頭之一營隨進至萬國體育場附近敵以黑夜張皇應戰死傷甚巨我奪獲軍用品無數旋奉令停止攻擊即撤回原陣地

(二)七十八師方面

區師長得悉一二二旅苦戰之情況後即令一五五旅旅長黃固派兵增援一二二旅該旅當令第二團馳援該團長乃令第三營在楊家樓原陣地守備自率一二兩營於下午九時馳赴廟行北端令第二營攻擊前進第一營爲預備隊經猛攻後即將當面之敵擊破而佔領

竹園墩在小場廟之敵向竹園墩增援黃旅長着謝團長率第二營向增援竹園墩之敵突擊至深夜仍在對抗中

區師長奉到上述之出擊命令後卽作如左之部署

1. 師部及直屬隊推進國際無線電台西端之李家宅

2. 第一五五旅向夏家宕嚴家宅側擊大沈宅以南之敵得手後向周家宅湯朱家橋前進第三團防務交代後歸還建制

3. 第六團（欠第三營）在原陣地警戒

4. 吳淞由翁旅長率第四團及第六團第三營死守第五團用汽車輸送卽至大場南端之夏家宅爲師預備隊

乙、左翼軍

八十八師正面及吳淞均無戰事敵機及砲兵不時擲彈及擾亂射擊

情況三

總部下達命令時決心以全軍破釜沉舟與敵求決戰蓋敵之援軍源源到達我各方援軍須下月五六

日始能到達與其坐待敗亡則不如乘機求決戰卽不能解決戰局亦可將敵主力之第九師團擊破而延長第二次會戰之時間（按當時如能將敵第九師團擊破則必不能在二十九日至三月一日與我作第三次會戰）命令發出後預計出擊兵力單薄適接蔣委員宥酉電以我援軍須下月六日始能參加戰鬪此數日內須節省兵力方能應戰光鼐審度全般情況何敢以全軍存亡作孤注之一擲遂令停止出擊

戰况三

張炎旅長炎在反攻挫頓後一方令各部在陣地固守以待夜間之來臨夜神爲敵之死神我每次夜襲均收大效并令各營選編手榴彈隊入夜施行夜襲至午後十時以手榴彈隊在前部隊繼之一舉肉搏敵人死傷在三千以上至二十六午前一時敵不支向東潰退我亦傷亡千餘而古鼎華團傷亡尙未列入旋因深夜混亂亦未追擊卽令在原線構築工事扼守（見附圖第九及編末第四）

附電

致上官雲相師長有晨電云

頃讀漾電欣悉吾兄決提華雄師同赴國難聞之益爲壯奮但渡江者望卽向黃渡增援爲盼

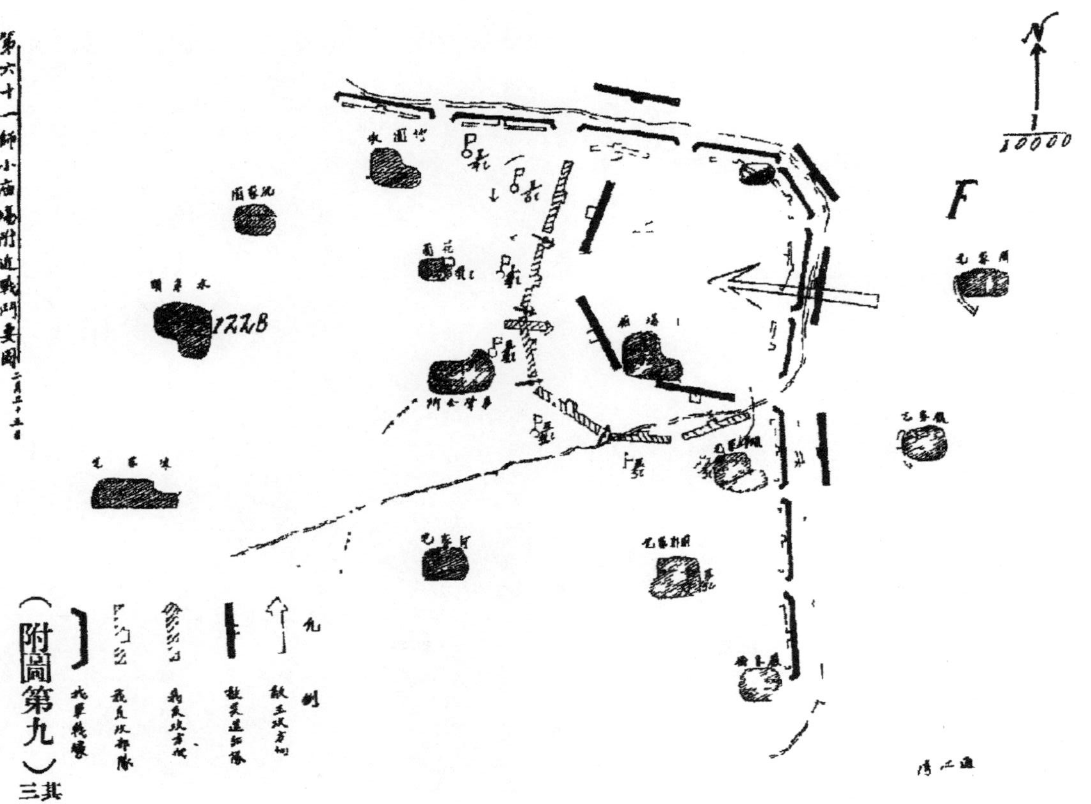

（附圖第九）其三

致魯主席轉戴旅長岳有晟電云

倭奴無理啓釁滬濱敝部順民心而伸正誼憤寇深而自衞苦戰匝月幸挫敵鋒惟雙方死傷已不忍言矣乃敵以保持顏面計已調其第一及第十一師團來滬增援而我尙徒以此久戰孤軍與之周旋何異驅羸恁而鬬虎狼然守土有責雖犧牲而何辭第恐無補於事耳現聞貴軍桀戟遙臨尙望敵愾同仇迅速開來前方作同舟之共濟共灑熱血於黃浦江畔一洗新仇舊恨也尙肯佈臆幷希示復

呈　何部長有電云

敵人時以飛機轟炸我鐵道軍運交通關係匪淺擬請飭部酌撥鐵道大隊部歸本軍指揮調遣以便隨時維護防範如何盼覆

奉　蔣委員徑戌電開　廟行鎭附近正面已爲敵方窺破係我弱點不宜以稅警特務團擔任務望以六十一師接替以固陣線免爲敵所乘

奉　蔣委員有酉電開　第二次決戰之期約在艷東各日我軍援隊非到魚日不能參加戰鬬望於此數日內盡量節省前線兵力抽調部隊厚集各地區預備隊約在總兵力二分之一以上方得應戰裕如不致臨時竭蹶對於瀏河方面尤應準備三團兵力爲要如何部署盼詳覆

二十六日

天候　晴

總部駐南翔

情況一

一、據探報敵陸軍第十一師團（部隊號尚未正確證實）約七千人於昨晚祕密登陸現該師到齊共一萬七千人（按第十一師團此時似有一部到達）

二、據報張華浜昨日下午一時有敵軍二千名登陸聞係第一師團之兵

三、敵日來極力補充運輸極忙碌

情況二

一、四十七師派兵一團歸本路軍指揮

二、六十一師小場廟竹園墩陣地交八十八師接替

三、江灣鎮陣地本日放棄

處置

一、六十師連日在江灣及小場廟苦戰傷亡極大亟待整理乃對該師及左翼軍下達如左之命令

命令二月二十六午前十一時於南翔總部

查右翼軍之六十一師連日作戰傷亡極大亟待整理其在小場廟以西與竹園墩中間之地區（詳細地界由張副師長與俞師長自行商定之）至竹園墩以北互廟行鎮南端之防務由左翼軍派八十八師擔任之限本（二十六）晚十一時以前接替完畢

戰況

本日各師正面無劇烈戰鬭敵仍集中砲火向我江灣鎮及附近一帶射擊尤多燒夷彈致江灣車站及江灣鎮全部燃燒我守備江灣陣地之一二一旅第三團遂無法立足乃退出江灣鎮進入嚴家宅小場廟之預設陣地抵抗自二十日至二十二日一連猛攻三天至二十五復以主力集中一點向我小場廟附近猛攻再遭我一二二旅痛擊後雙方暫入於休戰狀態

附電

呈　何部長陳司令長官并轉蔣委員宥辰電云

介公有酉徑戍兩電均奉悉一、職部作戰彙旬各師傷亡逾千擔任正面過寬處處有兵力單薄之患

二、俞師廟行鎮一役傷亡極大調後方整理其防務由毛師之張炎旅接替兵力不敷配佈因着稅警古團擔任一段昨日敵來猛攻官兵不沉着遂致動搖着張炎旅入黑後反攻雖告得手但傷亡過千官長損失尤大三、敵企圖突破江灣廟行鎮間陣地集其主力於大洸宅一帶作縱深配備連日作戰焦點亦在於此四、兵力配佈當遵所示要旨辦理

呈　何部長陳司令長官宥巳電云

據報敵援十一師團有一大部已到滬今日敵主力萬餘在大洸宅一帶作縱深配備由江灣廟行鎮間企圖突破一點我竹園墩一帶因兵力單薄且受敵之猛烈射擊傷亡極大不得已退出黃昏後實行反攻激戰至八時卽已恢復陣地

呈　何部長陳司令長官宥酉電云

本日敵向小場廟一帶砲擊步兵無動作上午有敵艦七艘攻擊獅子林砲台至下午始停息六十一師昨在江灣廟行之線被敵集中砲火轟擊及死抗萬餘之敵雖幸原陣地得保而死傷極大經飭俞師接替小場廟以北防務俾該師整理也

奉　蔣委員宥未電開　茲令四十七師派兵一團卽開往前線擔任作工歸吾兄指揮除另電上官

十九路軍第六十師閘北[illegible]一帶戰鬥經過要圖

[illegible]

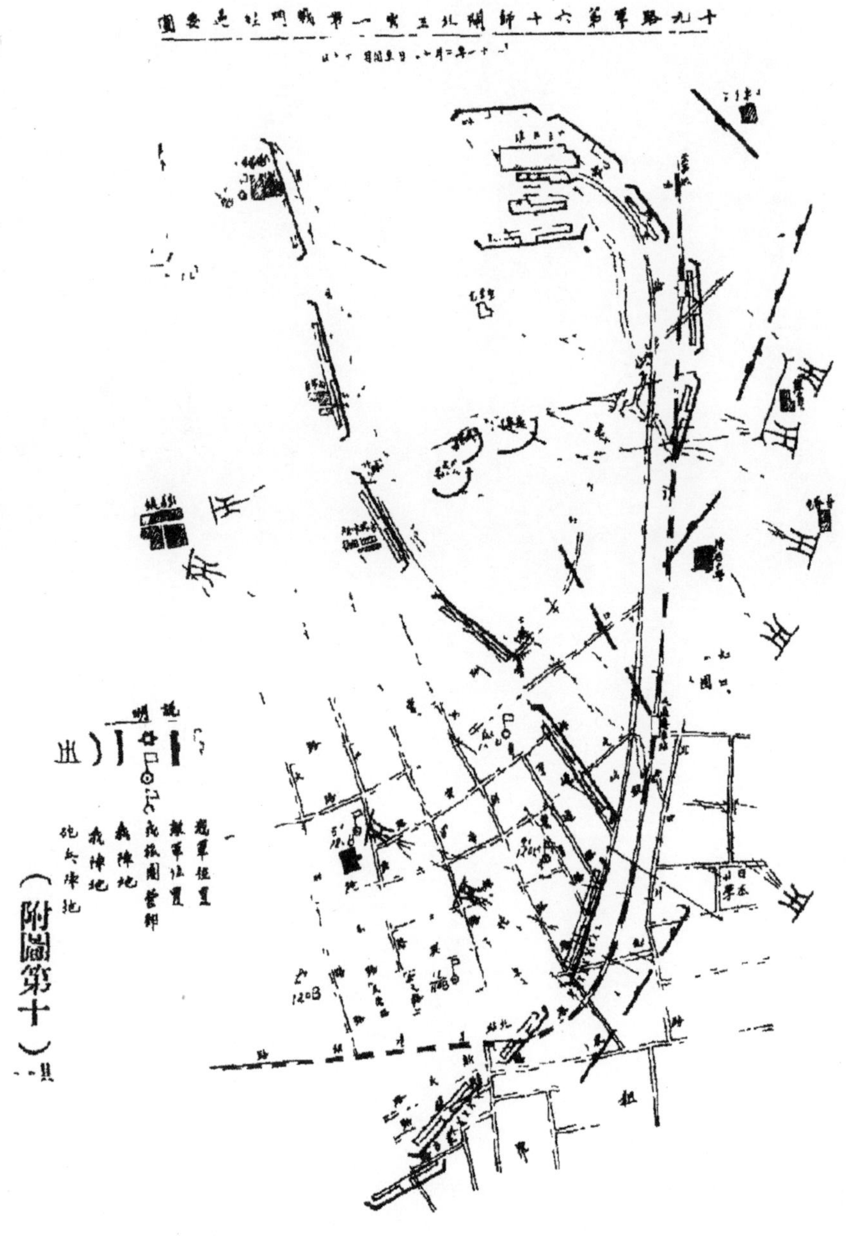

（附圖第十）

（附圖第十）二其

師長外特電知照

第十五章 廟行鎭瀏河會戰

會戰前一般之狀態

二十七日

天候　嚴寒

總部駐南翔

情況一

一、昨（二十六）晩起敵前線又構築工事似又將施行攻擊之模樣

二、據探報敵之援軍第十四師團今明日可抵滬其編制如左

步兵第二十七旅團第五十九聯隊

步兵第二十八旅團第十五十聯隊

騎兵第十八聯隊

野砲兵第十二聯隊

工兵第十四大隊

輜重兵第十四大隊

三、昨（二十六）日杭州空戰敵爆擊機一架被我擊壞在杭州灣降落敵海軍派驅逐艦往救已不及云

情況二

我右翼軍六十一師一二二旅在小場廟以西與竹園墩中間之地區起至竹園墩以北之陣地經由左翼軍八十八師接替完畢

處置

甲、我右翼軍自一月二十八開戰以來損失已在二分一以上左翼軍經廟行江灣會戰後損失約在四分一以上全軍已入於殘破不堪之逆境中央援軍因交通關係須下月五六日始能參加戰鬭敵援已集正面既感力量之薄弱瀏河方面益感有可顧慮之虞爲保存戰鬭力以俟援軍之到達決心於本晚撤退至眞茹劉家行羅店之線當即下達如左之命令

命令 二月二十七日正午十二時 於市翔總指揮部

一、據報敵第一及十一師團現已到達上海將以優勢之兵力策應其第九師團十二師團及混成旅團之殘部企圖向我反攻我中央正謂有力部隊來滬增援約下月四號前可以到達

二、本路軍以候援至一舉殲敵之目的暫行撤退至北新涇大場劉河鎭之線保持主力於鐵道之北佔領陣地待機轉移攻勢

三、軍隊區分同前

四、右翼軍擔任南市龍華周家橋鎭眞茹侯宅大場互許巷之線佔領陣地努力阻止敵之前進固守陣地候命其詳細部署如下

1. 王賡旅（缺古團）附憲兵團擔任右翼黃浦江邊起互龍華淸河涇虹橋北新涇河（河屬之）之線佔領陣地（但應酌留一部在南市高昌廟一帶至不得已時始行撤回）

2. 七十八師（缺一團）擔任侯宅以北互大場至許巷（許巷屬之）之線佔領陣地

3. 六十師擔任自北新涇河之北互眞茹東端至侯宅（侯宅屬之）之線佔領陣地

4. 六十一師（附古團）控置於小南翔一帶爲右翼軍之總預備隊

五、左翼軍擔任許巷以北唐橋至劉家行羅店之線佔領陣地努力迎擊當面之敵固守陣地待命

譚司令及翁旅之一團又一營位置於羅店仍歸張軍長指揮

六、右左翼軍之防守地區區分如下以普西——許巷——孟家宅——第二塘之線（線上屬右翼軍）

七、各部於本（二十七）日午後十一時開始移動到達所示陣地線後應迅行完成強韌之工事

八、各部撤退時應盡量破壞鐵路道路及一切交通

九、通訊網之設計如另圖

十、彈藥糧食倉庫右左翼軍移置黃渡崑山一帶嘉定一帶分散堆積

十一、余在南翔

附記　本命令參照十萬分一圖

命令下達後各師旅長以士氣極旺不願撤退官兵憤激誓與陣地共存亡光鼐至此乃決心全部犧牲於陣地以待中央之來援否則亦只有俟全線崩潰再行收拾乃撤回進入第二陣地之令嗟夫疲兵再戰安能當新羇之馬徐淮棨戟未見風塵無已而另作如下之配備

乙、六十一師傷亡在三分二以上精銳喪盡此時右翼軍之六十、七十八兩師尚堪再戰乃即另行配備如左

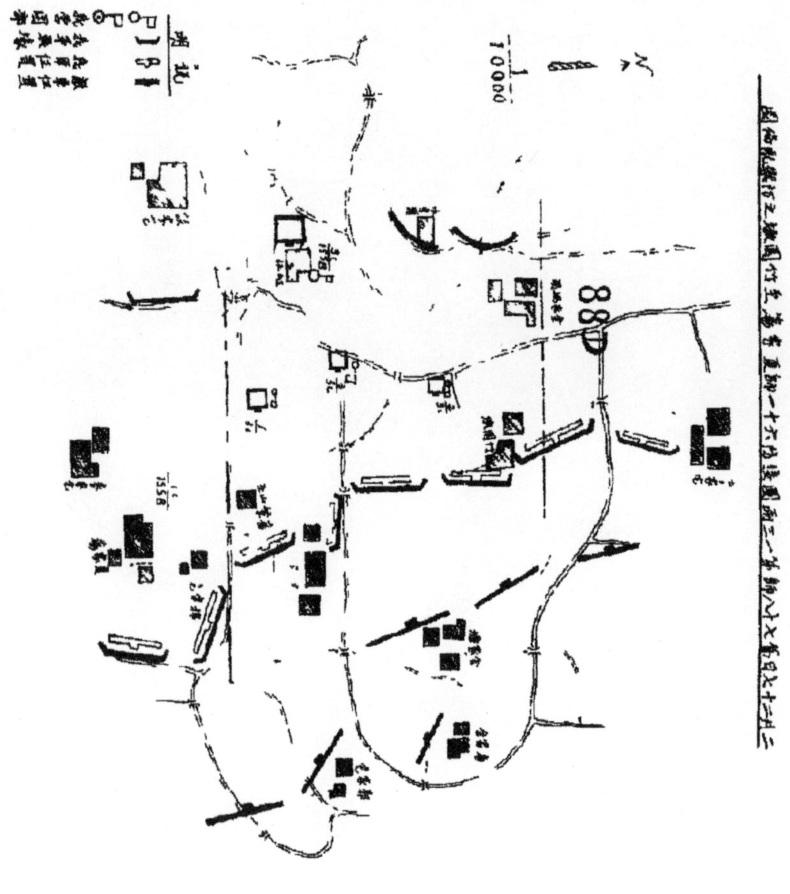

（附圖第十一）其一

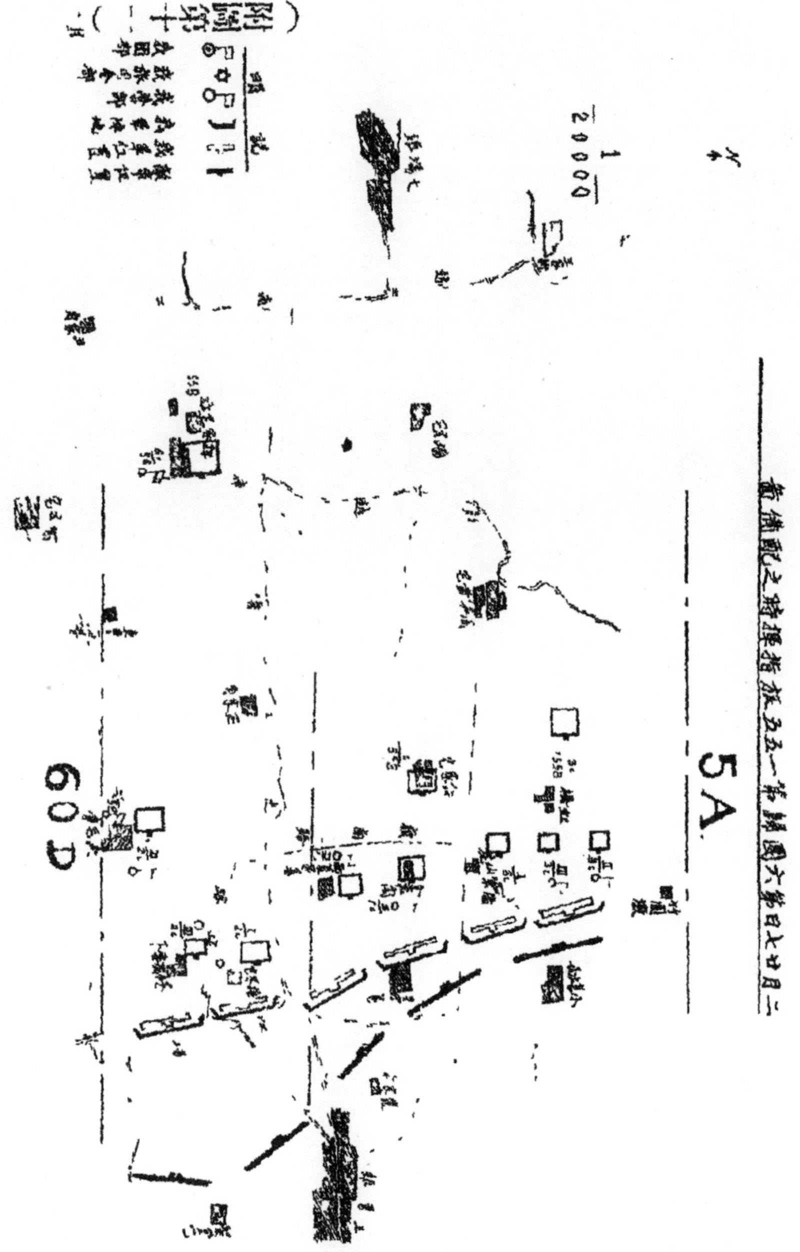
5A
60D
1/20000
附圖第十一

一、六十一師擔任夏家濱至竹園墩之中間陣地由七十八師一五五旅接替

二、六十師在閘北之陣地交六十一師接替

三、六十師以一部守備八字橋至楊家樓下之陣地主力控置於劉家宅東曹涇巷徐家宅盧家莊尹家角爲軍總預備隊

隨即以電話令知各師於夜間行動

戰況

本日除七十八師與敵略爲砲戰外全線沉寂吳淞之敵艦敵機仍盤旋監視

附電

呈　何部長陳司令長官感電云

頃接上海市政府寢電確訊敵軍第二、六、十一、十四等師團均已奉令動員其第十一師已到滬等語謹聞

二十八日

天候　晴

總部駐南翔

情况一

一、據張家巷逃回之小工稱二十三日敵人以招用小工爲名在黃浦碼頭用强迫手段以卡車押送小工數百人選年壯者二百餘人換穿軍服每人發步槍一枝手榴彈四枚由敵軍領導向我江灣衝擊老弱者則輸送子彈及掘挖戰壕

二、昨（二十七）日上午十時在吳淞進口日商輪六艘停泊張華浜敵軍登陸約五六千聞係第十一師團及第一師團之部隊（按係補充兵）

三、敵方增調之第十一及第十四兩師團經在輸送中聞二十八二十九兩日各有一師團到達均歸敵白川大將指揮

四、敵日來由楊樹浦向前線輸送彈藥數日未停

情况二

我右翼軍經照昨晚電話所指示配備如左

一、八十八師獨立旅方面

八十八師獨立旅（欠第二團）附憲兵第六團仍擔任南市龍華互北新涇之線警戒

二、六十一師方面

第六團及八十八師獨立旅古鼎華團接六十師閘北至天通庵陣地

第一二二旅（欠第六團）至眞茹接七十八師第二線陣地之守備

第一二一旅及教導團在大場附近整理待命

師部及直屬隊在大場

三、六十師方面

第一團仍守天通庵路青雲路陣地

第二團附第三團第三營仍守八字橋方家木橋雨傘店楊家樓下之陣地

第一一九旅部及第三團（欠第三營）附第六團集結於徐家角燕毛灣曹涇巷彭浦鎭唐家橋一帶

第一二〇旅（欠第六團）集結於徐慶橋俞家巷宅盧家宅張家宅孟家角一帶

野砲連在張家宅山砲連在淩家園小砲連在雨傘店師部及直屬隊在王家宅

四、七十八師方面

第一五五旅附第六團佔領楊家樓下陸家宅夏家蕩廣肇山莊竹園墩之線陣地

1. 第二團佔領楊家樓下陸家宅之線陣地

2. 第一團佔領夏家蕩之線陣地

3. 第三團佔領廣肇山莊竹園墩之線陣地

4. 旅部及第六團在孫家宅

第一五六旅（欠第五團又第六團缺第三營）死守吳淞

第五團位置姚家灣爲師預備隊

師部及直屬部隊在洛陽橋

左翼軍之配備如左

一、八十八師方面

第二六二旅佔領竹園墩至金家木橋之線陣地

第五二三團在右

第五二四團在左

第二六四旅佔領金家木橋北端至廟行鎮南端之線陣地

教導總隊及工兵營爲師預備隊位置於馬橋宅李項宅

師部及直屬隊在馮家宅

二、八十七師方面

第二五九旅佔領廟行鎮瓦蘊藻浜南岸蔡家宅之線陣地

獨立旅第一團附教導總隊第三營接替蘊藻浜北岸第二六一旅之陣地

等二六一旅爲軍預備隊集結於唐橋東側之田灣王家宅附近

獨立旅第二團開顧家宅卜家橋待命

軍校教導總隊仍在瀏河警戒

軍部及八十七師部在劉家行

三、吳淞方面仍舊

戰况

甲、右翼軍

一、六十師及六十一師正面無劇戰

二、七十八師一五五旅楊家樓下夏家蕩至竹園墩之陣地自上午五時敵即以砲火向我射擊繼則以步兵二千餘向我左地區之第三團與接鄰之八十八師陣地猛攻至七時三十分我夏家蕩之第一團楊家樓下之第二團正面均有敵唐克車掩護步兵來攻經我陣地守兵極力迎擊至下午敵一再分向我各團陣地突擊五六次均被我擊退至入黑敵槍聲稍疎散計我第一團雲團長應霖負傷官兵傷亡百餘名第二團陣亡官長一員士兵數十名第三團傷亡二十五名

乙、左翼軍

一、八十八師方面

本日上午九時敵八九百人向我第二六二旅在竹園墩之五二三團陣地在金家碼頭之五二四團陣地猛攻激戰數小時敵退去我第二六四旅第五二七團在嚴橋陣地敵百餘來襲未幾退去

二、八十七師方面

午後以唐克車掩護步兵數千向我藴藻浜攻擊激戰一小時即沉寂

三、吳淞方面

本日拂曉敵艦六艘向我陣地射擊數十發上午七時敵飛機十五架投彈三十餘枚同時在吳淞口外之敵砲艦亦向我砲台灣及寶山城轟擊

附電

呈　何部長陳司令長官儉酉電云

昨今兩日敵均無特殊舉動據報敵十一、十四師團經於今日到齊預料此一二日內當有大戰今午後敵以鐵甲車三架掩護步兵數千向藴藻浜陣地攻擊戰約一小時後歸沉寂閘北方面亦小有接觸

謹聞

會戰之經過

二十九日

天候　晴

總部駐南翔

情況

一、前報已到敵十一師團恐係第九、十二兩師團之補充兵因昨日派探往前線調查終未發現十一師團之隊號

二、昨日登陸之部隊據日人談話云係自日本四國三滋乘輪二日始到等語查四國爲十一師團管區故以前到滬者係第九、十二兩師團之補充兵而昨到滬者實爲第十一師團

三、日軍司令植田現在積極佈置第二次總攻擊共配備江灣廟行間一萬五千人吳淞七千人閘北五千人後方三千人新到之十一師團爲總預備隊

判決

敵援軍已到達部署亦完畢必以主力繼續攻我中央同時以有力部隊威脅我側方

決心

本路軍決心死守原陣地以待援軍之到達

處置

嚴令嘉定太倉兩縣長督率武裝民團沿瀏河上下游放哨阻止敵人登岸并隨時將情形報告本部

戰況

甲、右翼軍

一、眞茹鎭以南無戰事

二、六十一師方面本日仍沉寂

三、六十師方面

本日上午九時敵集中砲火向我第一團大通庵路青雲路陣地我第二團八字橋方家木橋勞働中學聖堂宅陳家宅陣地攻擊準備射擊至正午我一、二團陣地多遭破壞附近房屋亦多爲敵燒夷彈所焚敵隨以步兵第三十六聯隊攻我第一團正面步兵第七聯隊一部千人攻我聖堂宅陳家宅第二團所屬之第三團第三營陣地一部攻我第二團第三營陣地激戰數小時敵傷亡極大復以砲火及飛機向我陣地轟擊并以步兵十七聯隊增加一再向我突擊我守勞働中學之第三團第三營部隊死傷過大不得已撤守錢家蕩沈家宅時我第二團第三營陣地受敵砲破壞敵援隊極力壓迫勢至危險幸二營之一部增援舉行逆襲敵傷亡六七百人毀其唐克車三輛敵始退去又成對峙至下午二時敵又以步兵第三十五聯隊增加我第二團因衆寡不敵第一線又爲敵唐克車所突破經我第六團二營馳援雙方肉搏在慘烈中擊退敵人然敵隨又增加五六百人以步兵砲及機槍掩護强渡我陣地前之小河且用烟幕阻我視線以是一部陣地又爲敵佔經我全線逆襲大戰至午後十二時始恢復原陣地敵傷亡約在千人我一、二、六、三團傷亡亦三百餘人蘊藻陣地三失三復其慘烈苦鬭之情形可以知矣

四、七十八師方面

午前七時敵飛機即在我第一五五旅楊家樓下夏家蕩竹園墩之第一、二、三團陣地偵察隨即投擲炸彈並施放信號對其砲兵指示目標未幾敵果集中砲火分向我各團陣地射擊我第三團廣福山莊至竹園墩陣地一小時受敵彈四百餘發廣肇山莊停放棺木屍骸被炸狼藉其狀更慘不忍睹我官兵均避於掩蔽部損傷極少敵少數兵力不時乘機接近經我陣地守兵狙擊即去至下午九時敵步兵開始向我全陣地正面猛攻激戰至十一時經我以一小部乘夜向敵側擊截爲兩段敵始潰退

乙、左翼軍

一、八十七、八十八兩師正面無戰事

二、吳淞方面敵飛機及砲兵間斷向我轟擊

附電

呈 何部長豔辰電云

儉申電奉悉(一)據報敵十一、十四師團均於昨今兩日先後到滬(二)昨日各方無激烈戰事惟敵於昨午後以鐵甲車掩護步兵數千向我蘊藻浜攻擊激戰一小時後漸歸沉寂尙在對峙中閘北方面亦稍有接觸謹聞

呈 汪院長蔣委員何部長陳司令長官豔午電云

(一)據報日軍以招小工為名將華人强壯者强穿軍服發給手榴彈强迫向我江灣陣地衝鋒年輕者發槍編入隊伍老弱者則迫充掘壕及輸送並令將砲彈背負爬送前線(二)日輪六艘於感已進口泊張華浜登陸敵軍約六千攜帶戰具器材極多聞係敵第一及第十一師團等語謹聞

呈 何部長陳司令長官豔酉電云

（二）據報敵白川率十四師團已於今日抵滬惟登陸地區未詳正探查中（二）本日午後敵先以砲火轟擊我天通庵八字橋沈家宅陣地繼以鐵甲車掩護步兵數千分三路來犯八字橋衝擊尤烈經我沉着應戰卒將敵擊退八字橋方面幷毀敵鐵甲車兩架仍堅守原陣地謹聞

三月一日

天候　晴

總部駐南翔

情況一

一、據探報敵之增兵確係十一十四兩師團同時來滬第十一師團今（一）日晚可完全登陸增加於江灣戰線

二、昨（二十九）日敵之取攻勢者係探知我前線交代

三、敵此次增援之十一十四兩師團其半數係現役兵半數係預備兵

情況二

一、據嘉定縣長潘忠甲報告今晨六時敵艦十餘艘幷帶有多數民船在瀏河楊林口一帶發砲二十

餘艘並有飛機五、六架往來偵察有登岸之企圖

二、據前方電話敵本日全線向我攻擊

三、上午十時接張軍長電話敵約二千人已在楊林口七丫口登陸經令宋旅長率兩團前往對該敵

攻擊

判決

敵以一部由瀏河登陸威脅我左側背其主力在廟行附近與我求決戰

決心

本路軍決心在原陣地死守以待各方之來援

處置

下達四十七師第四團之命令如左

着該團到達黄渡後即速開赴太倉擔任固守該處並派出一部在瀏河北端至西涇橋浮橋鎮一帶對

江面嚴密警戒此令

戰況

甲、右翼軍

一、眞茹鎮以南無戰事

二、六十一師方面

本日晨敵以砲火向我閘北陣地猛攻所用多燒夷彈火勢極烈我街口陣地之沙袋均有燃着經我古　及第六團設法救滅敵陸戰隊不時來衝亦經擊退

三、六十師方面

本日晨敵以砲火集中分向我天通庵路八字橋楊家樓下一帶陣地猛攻至黎明敵機三五成羣猛烈投重量之炸彈天通庵路敵以陸戰隊決死隊千人向我第一團正面猛攻同時敵步兵十九聯隊依砲火之掩護向我萬昌橋楊家樓下一帶第二團攻擊前進至十時我萬昌橋楊家樓下南端之陣地被毀殆盡官兵死傷極大遂被敵佔領至十二時該敵復向我潮州山莊進展經我第三團第二營增援始成對抗雙方激戰至深夜

下午三時敵二千餘人向我燕毛灣攻擊前進我第三團第一營會同第四團第一營與敵應戰敵依砲火及飛機之掩護一再向我突擊經我官兵奮鬬抵抗相持至入夜

三月一日上午七十八師一五六旅第五六團江灣附近戰鬥要圖

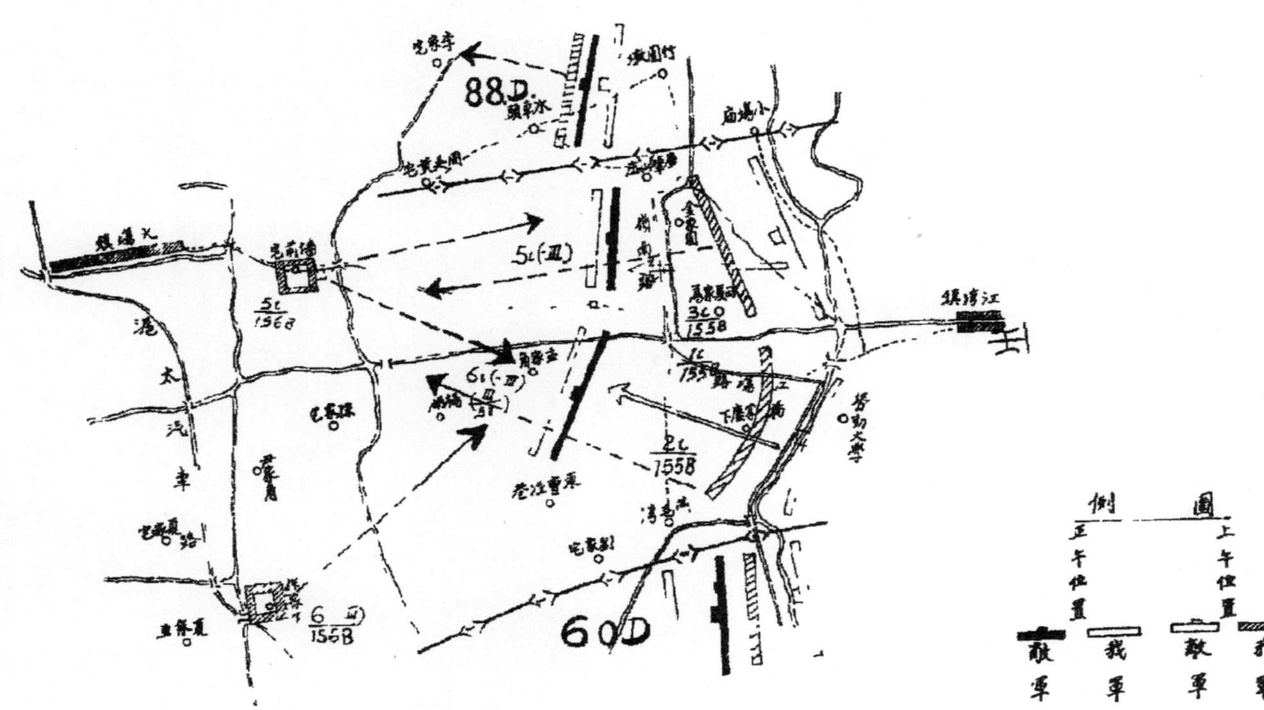

（附圖第十二）

四、七十八師方面

午前六時敵砲開始向我第二團楊家樓下第一團夏家蕩第三團廣肇山莊正面攻擊準備射擊至七時敵以騎兵向我第一團左翼挺進正面則唐克車掩護步兵攻擊前進我一團左翼之一營即起而應戰敵唐克車隨轉向中央之第二營正面前進敵步兵數千迫近我陣地前方我各營預備隊遂加入迎頭痛擊敵在我暴露有效射界之內死傷近千而現動搖不支之勢我第一團乃令團出擊突進二百餘米爲敵副防禦物所阻而止我第一連連長雲勉第二連連長鍾大初陣亡營附何友箴連長譚公民李濤市均受傷連附士兵傷亡過半同時我楊家樓下之第二團正面受江灣車站及八字橋附近之敵交叉射擊及敵飛機之轟炸在劇戰中至九時我廣肇山莊至竹園墩南端之第三團正面受敵機十餘架之轟炸敵十九聯隊步兵二千餘藉砲火之掩護乘機躍進我機關槍連連附林海梁震治陣亡第三連連長張廷治第二連連長摩國連附陳維藩陳冠雄謝志堅王勝標營附裴得中負傷我官兵視死如歸敵不得逞至十時三十分敵又增加援隊紛向我各團迫壓右地區楊家樓下附近之第二團以地雷炸毀敵唐克車一輛斃敵百餘敵潰去而敵砲火乃向我作殲滅射擊一小時之內工

工事盡被破壞士兵則利用彈痕爲掩體死守不去

十一時左右敵富山聯隊猛力壓我廣馨山莊之第一團激戰至一小時此時我第一團存餘官兵不及五百人第九連連長宋德甫陣亡第七連連長任湘泉負傷仍拼力迎戰

正午十二時一五五旅旅長黃固將各團苦戰情形報告區師長區師長即率參謀長李撰前往視察并着五六兩團歸黃旅長指揮以第五團推進談家宅第六團推退孟家角以便隨時增援

至午後零時二十分我楊家樓下第二團正面之敵復用裝甲車及唐克車共七輛掩護步兵千餘向該團猛攻第三營代營長唐之章奮不顧身指揮所部與敵肉搏中彈陣亡連長吳日廷陳德桑負傷官兵傷亡逾百中校團附杜慶雲即令預備隊增加并親率特務隊指揮戰鬪敵又以援隊千人增加向我猛力壓迫同時以數百人由嶺南將抄來斯時我第二團全線只餘四百餘人衆寡不敵陣地被衝破杜團附令特務隊在嶺南橋抵抗并着第一營長林卓炘收容反攻第三連連長賴忠和親持自動步槍突擊斃敵三十餘旋中彈陣亡排長馬熾南黃振明同時陣亡陳紹良廖蘊負傷至下午一時六十師第三團之一營增加嶺南橋方面該團

即死守楊家樓下陣地與敵對峙在零時二十五分我夏家蕩第一團正面之敵已接近至我壕外該團即與之肉搏第二營營長羅聚第三營營附陳必有負傷第一團至此只存三百餘人正在危急之間突有敵一部抄過該團陣地右側團附賴芬榮乃將所餘之一排及特務隊向敵逆襲將敵擊退未幾敵大部又衝至全線有難支之勢至此乃令團向敵逆襲支持一時餘第二營長江燊特務隊長林壽椿負傷前有大敵後有包抄賴團附乃令特務隊及所掌握之一排在談家宅前端佔領收容陣地第二營長羅聚營附江燊雖負傷仍指揮三四十人誓死拒止敵人至下午二時全線乃得安全撤至孟家角羅營長江營附及其忠勇絕倫之士卒三四十人無一生還矣

下午三時許我楊家樓下第二團正面之敵及廣肇山莊竹園墩南端第三團正面之敵見其中間已突破我第一團陣地遂亦極力向我二、三團正面壓迫第二團以不滿三百之衆拼死迎戰連長馬師焯張伯森王海洲和繼負傷下級指揮無人無法支持乃撤退三百餘米據村落抵抗待援

第三團與敵激戰後傷亡逐漸增加連長郭銓甘耀祖連附羅世榮羅洪屏鄭企聘服務員譚

秀軒相繼陣亡少校團附蔣率權連長陸威臣閉澤林連附梁安炘陳延康張洪坤相繼負傷時適八十八師竹園墩附近亦被敵突破左翼之第三營遂先行退後二百餘米達第三團楊團長督率特務隊分頭鎮壓并請五六兩團增援

下午三時半突破我第二團之敵已渡過楊家樓下東端之小河而佔領談家宅及孟家角之一部我一、三兩團無法抵抗適第六團張團長君嵩率一、二營趕到即令第一營由孟家角北端第二營由孟家角南端展開向楊家樓下反攻第五團第三營奉令前來增加張團長當令該營展開於孟家角正面協同一、二營向楊家樓下猛攻至四時敵潰退回小河東岸我第六團第二營恢復楊家樓下陣地第一營亦恢復孟家角被敵佔領之一部爲統一指揮遂由黃旅長令第一團歸第六團張團長指揮

當第六團及第五團第三營向孟家角反攻之際第五團長丁榮光率一、二營在牆前宅令第二營向談家宅反攻第一營接連第二營左翼攻擊前進至四時半第二營恢復談家宅時第三團歸丁團長統一指揮作戰

此時我一五五旅及五六兩團之陣地由燕家湾東端楊家樓下孟家角東端談家宅及其北

端之線連成一線矣從事收容整理準備於夜間舉行夜襲恢復夏家滙廣肇山莊之原陣地

乙、左翼軍

一、八十八師方面

本晨敵集中砲火向我竹園墩至廟行南端之二六六、二六四兩旅正面攻擊準備射擊黎明後敵飛機數十架一再向我陣地轟炸其混成二十四旅團步兵極力向我猛攻至下午尤甚竹園墩附近與七十八師接連部同時受敵之突破五二三團團長馮聖法負傷官兵傷亡極大工事破壞殆盡乃於薄暮撤至楊焕橋以南經張庫至顏宅之線進入預設之新陣地極力抵抗中

二、八十七師方面

由廟行鎮至蘊藻浜南岸蔡家宅陣地之二五九旅正面自本晨至下午受敵砲火飛機不斷之集中轟擊原有陣地破壞無法再守官兵傷亡數百五一八團第二營營長李志鵬負傷至薄暮乃撤至楊煥橋以北亙蘊藻浜南岸之線進入預設之新陣地抵抗中

在蘊藻浜北岸陣地之獨立旅第一團及教導隊第三營亦受敵砲火飛機之轟炸受極大之

損失

三、吳淞方面

拂曉以後敵機十餘架間斷來吳淞投彈敵艦亦不時向我射擊尤以寶山及獅子林方面爲烈

四、瀏河方面

本晨七時敵在七丫口登陸約一團張軍長據報當令軍校教導隊唐總隊長極力固守並令宋旅長希濂率部攻擊該敵下達如左之命令

(一)敵有一部由七丫口(在楊林口西北約三千米達)登陸似有擾我側背之企圖我四七師之一團由黃渡向太倉方面前進中

(二)本軍爲使敵在立足未穩之前在瀏河以西地區將其殲滅之

(三)着宋旅長希濂率所部兩團由現在地經劉家行羅店向瀏河前進惟因汽車不敷只可以一部乘汽車其餘徒步用疎散隊形向瀏河前進

(四)軍校教導總隊之一營應固守瀏河并以一部在茜涇營嚴密警戒俟宋旅長到達後即歸

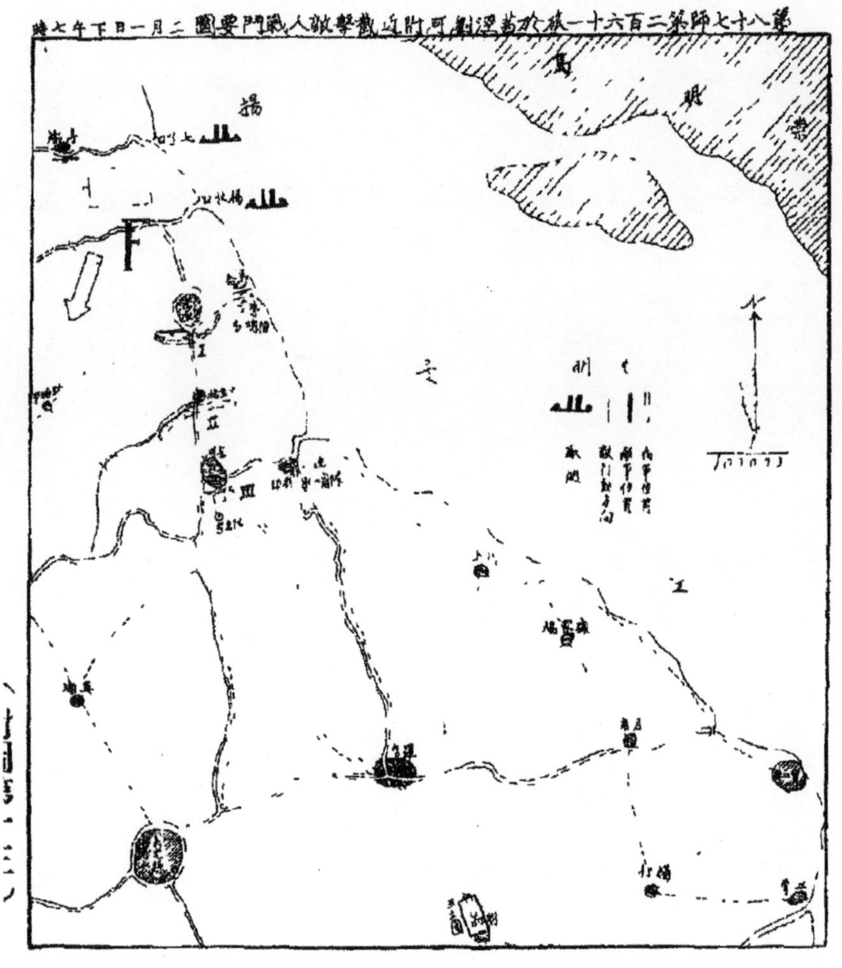

第八十七師第二百六十一旅於葛渭河附近截擊敵人戰鬥要圖 二月一日下午七時

該旅指揮

(五)獨立旅傅團應以一部在楊家行北端幷派一小部進駐月浦鎮向獅子林砲台方面警戒與我駐在盛家橋教導總隊第二營切實連絡

(六)余在劉行

至十一時登陸之敵向茜涇營猛攻教導隊卽與之劇戰至下午三時我宋旅五二一團之一營到達卽加入雙方戰鬬極烈該營死傷過半遂放棄茜涇營而守瀏河

情況二

午後六時瀏行鎮附近之七十八師及八十八師陣地經被敵突破陣線已成不支之局而瀏河方面登陸之敵萬人左側背極感威脅中央之援軍只四十七師上官雲相部到達黃渡一團本晚如敵再乘夜來攻決戰卽在目前六十一師七十八師八十八師已失戰鬬力六十師及八十七師亦傷亡極大總計全軍戰鬬兵不過三萬人而敵則九、十一、十四、三個師團十二師團之一混成旅及海軍陸戰隊幷其他之特種部隊約六萬餘人與敵求決戰已陷於公算必敗之悲境戰局至此已無法挽回光鼐乃決心與敵避免決戰全軍乘夜撤退於黃渡方泰嘉定太倉之線待國軍來援再行轉移攻勢下午八時乃

以決心及命令要旨先以電話令知左右翼軍作撤退之部署隨於九時下達如左之命令

命令三月一日午後九時於南翔總指揮部

一、敵援軍十一、十四兩師團已到達上海由敵將白川統率企圖與我軍決戰其一部已在瀏河附近登陸威脅我軍左側背

二、本路軍爲避免與敵決戰擬本日午後十一時將主力向黃渡方泰鎮嘉定太倉之線撤退待機轉移攻勢

三、右翼軍主力於本日午後十一時開始向黃渡方泰鎮之線撤退以一部先佔領眞茹大場逐次向江橋鎮南翔廣福南端進入陣地作主陣地之警戒節節施行頑固之抵抗

其兵力配備及各師之戰鬪地境如左

甲、八十八師獨立旅及憲兵團向顓橋鎮辛莊七寶鎮之線撤退左與十九軍江橋鎮附近連絡

乙、六十師主力於本日午後十一時由鐵道南方黃渡方面撤退（古團及鄧團暫歸沈師長指揮俟到達目的地後歸回建制）

丙、七十八師主力於本日午後十一時由大場附近經南翔向陸家巷方向撤退

丁、六十一師主力本日午後十一時由大場鎭北方經陳家行方泰鎭方向撤退

戊、新作戰地境（退却路線同）

(1)吳淞江以南屬八十八師獨立旅

六十師

(2)七十八師

六十一師

以京滬鐵道相連之線爲作戰地境（線上屬六十師）

以大場北端小南翔陸家巷方泰鎭之線爲作戰地境（線上屬七十八師）

巳、各師撤退時正面留一團作收容隊極力作攻掩護主力脫離戰場至主力進入新陣地後逐次撤退之

四、左翼軍須派一部在胡家莊楊家行佔領收容陣地主力於本日午後十一時向嘉定太倉之線撤退利用嘉定城太倉城爲據點派出一部於羅店及瀏河附近對瀏河方向警戒

五、作戰地境

以胡家莊——唐橋——廣福——馬陸鎭——外岡鎭——蓬閬鎭之線爲兩軍作戰地境（線上屬左翼軍）

六、報告收集所在黃渡交通處

七、余現在南翔明日午前八時在崑山

情況三

命令下達後光鼐於午後十二時率總部人員由南翔乘車至崑山爲避免敵飛機之爆擊移駐正儀鎮

於二日三時到達

附電

呈　陳司令長官轉蔣委員長東巳電云

今晨有敵艦二十餘艘掩護輸送船用烟幕强行登陸有二千餘人已在楊林口附近登岸似有大部續

來之模樣此間無兵可調望迅派兵固守太倉嘉定之線爲禱

呈　陳司令長官轉蔣委員長東未電云

今午敵主力向小場廟㴁家蕩一帶猛攻被敵突破傷亡極大現正力鬬反攻但瀏河以西敵大部均已

登陸當派宋旅往應付望速派部隊至太倉對付瀏河方面之敵

奉　陳司令長官東未電開　東午電計達刻總座已令上官師京鎮部隊限即刻趕赴崑山轉太倉

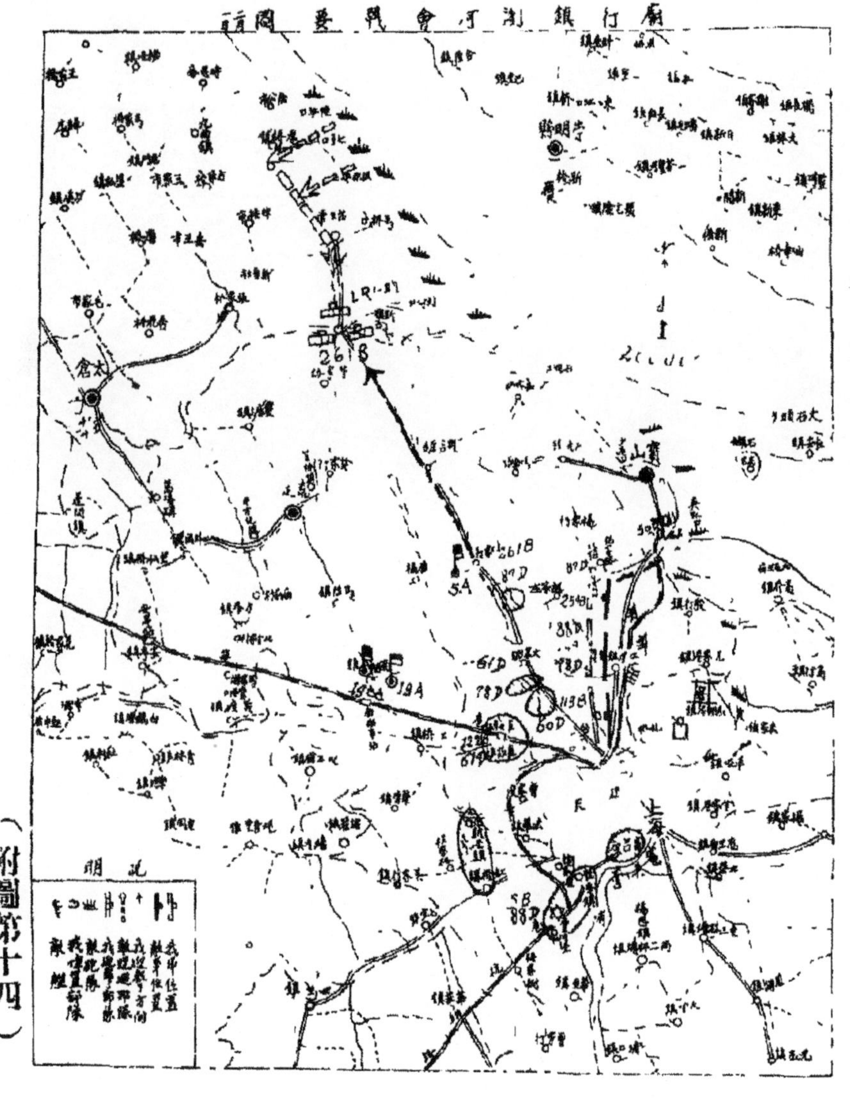

（附圖第十四）

幷令該師現在黃渡之一團趕赴嘉定矣

第十六章　全線撤退之經過

三月二日

天候　晴

總部駐正儀

情況一

一、據探報敵之第十一師團一部在張華浜登陸參加江灣之戰鬬其餘主力在瀏河登陸（按第九師團戰記記載云松山聯隊於二十九日開到戰場爲師團之預備隊（註記松山聯隊屬第十一師團））

二、據報敵第十四師團已在張華浜登陸本晚可完畢

三、敵新軍司令官白川義則於昨晚已抵楊林口附近登陸

四、據報敵第九師團步兵第七聯隊長林大八昨（一）日攻擊楊家樓下之役陣亡

各部撤退情形

右翼軍

一、八十八師獨立旅（欠第二團）附憲兵團

本日主力安全至蘊橋鎮辛莊七寶鎮之線

二、六十師方面

師於三月一日下午七時接總部電話指示之撤退命令要旨後即作如左之部署

1. 一二零旅（欠第六團）附第一團於下午八時佔領錢家宅至眞茹車站以北之線佈防

2. 六十一師第六團及八十八師獨立旅古團應於下午十一時開始移至江橋鎮以南徐家宅范家宅錢家弄朱家宅一帶

3. 一一九旅（欠第一團）附第六團應於下午十一時開始移至江橋鎮瓦鐵路以北之線佈防

4. 師部及直屬隊位置於石橋附近

5. 山砲速野砲速於黃昏後由陣地撤退至蘇州待命

至上午八時各部到達上述之指定地點至十時敵搜索隊騎兵百餘又無線電台方面有敵數百與我在鐵道以北第五團接觸因白晝不便撤退乃令該團在原陣地抵抗至下午三時決心撤至

黃渡進入主陣地下達命令要旨如左

一、一二零旅（欠第六團）附第一團於下午八時由夏家庫吳茹之線開始撤退經江橋鎮至黃渡鎮吳塘灣何家灣之線并進入黃渡鎮至京滬鐵道之線

二、一一九旅（欠第一團）附第六團於明(三)日上午二時由江橋鎮之線開始撤退經黃渡至陸家村朱家村顧涇一帶爲預備隊

三、六十一師第六團八十八師古團於下午七時三十分開始撤退經黃渡鎮至方泰鎮西南地區歸回建制（古團仍歸六十一師指揮）

四、師及直屬隊於下午七時開始移至安亭鎮附近

三、七十八師方面

師於一日下午八時接到總部電話指示之撤退命令要旨後卽作如下之部署

一、第二、三團於下午十時由前線撤退佔領夏家庫以北大場以南之收容陣地掩護前線撤退

二、第五團於下午十二時由前線撤退經大場洛陽橋至小南翔東端佔領郭家宅至張巷之線

佈防

三、黃旅長率一、六兩團於下午十時由前線撤退經大場洛陽橋南翔集結於南翔西端之老巷

四、師部及直屬隊於下午十二時撤退經洛陽橋移駐南翔西端之百壽宅

本日上午七時各部經到達指定地點至下午三時三十分敵追擊部隊千餘已到南翔前端向我第五團陣地猛攻激戰一小時第五團不支向西撤退此時電話不通師部不知該團已撤退至五時下達命令要旨如左

一、一五五旅於午後九時開始向方泰鎮西南方之吳店橋附近撤退

二、第五團以一部在現陣地警戒一連留駐南翔俟第二三兩團通過後撤退主力於午後七時向西家庫附近撤退

第六團於午後七時向西家庫撤退

五、六兩團歸黃旅長指揮到達西家庫後佔領蔡家橋瓦方泰鎮之線

三、第一五六旅部及第四團第六團第三團限黃昏後撤至方泰鎮歸回建制

四、師部及直屬隊黃昏後移駐柿子園
至下午十二時除第二、三、五三團失聯絡外一五五旅部及第一團駐南唐莊一五六旅部及四六團駐王家宅師部於十時到柿子園

四、六十一師方面

師於一日下午九時許接到總部電話指示之撤退命令要旨後即作如下之部署（即以電話令知各部）

一、第六團及古鼎華團歸沈師長指揮
二、第一二一旅爲收容隊掩護主力之撤退
三、第一二二旅（欠第六團）由巽茹經小南翔向方泰撤退
四、師部及直屬隊由大場經陳家行向方泰鎭撤退
五、砲兵營向蘇州撤退

至本日午前九時第一二二旅及師直屬隊已到達方泰鎭一二一旅在小南翔放生寺附近擔任掩護收容外主力在方泰鎭佈防至下午二時下達命令要旨如左

一、第一二二旅佔領方泰鎭東北亙佘家村李家村吳家角之線迅行構築工事右與七十八師連絡

二、教導團佔領吳家角西北亙朱家宅朱家村徐家衖之線右與一二二旅連絡

左翼軍

三月一日午後九時張軍長接總部電話通知撤退命令之要旨後於九時三十分下達如左之命令

左翼軍命令（三月一日午後九時三十分於劉家行軍司令部）

一、奉總指揮電令本軍於今晚變換陣地以備與倭寇作長期抗戰

二、本左翼軍應撤至馬陸鎭——嘉定——太倉之線佔領陣地

三、八十八師經由馬橋宅——陳家行——廣福南部——馬陸鎭——嘉定之道集結於嘉定到達後應警戒馬陸鎭——嘉定城——朱涇橋之線右翼須與右翼軍連絡

四、八十七師孫旅附山砲兵營（欠一連）經由唐橋——劉行鎭——廣福北部大橋鎭——沈家木橋——嘉定城——婁塘鎭集結於婁塘鎭附近到達後應警戒朱涇橋婁塘鎭西竹橋之線右翼須與八十七師連繫

五、八十七師宋旅及教導總隊經由瀏河——陸渡橋——向太倉集結應警戒西竹橋——橫瀝橋——太倉城——西湖川塘之線右翼須與孫旅連繫

六、獨立旅第一團附山砲兵連及教導總隊第三營經由楊林鎮——羅店——嘉定——外岡鎮——蓬閬鎮（太倉西南約六千米達）在蓬閬鎮集結待命

七、獨立旅第二團應逐次在劉行鎮羅店佈置警戒負有掩護收容本師前線各部隊之任務俟全師通過羅店後即經由嘉定——外岡鎮至錢門塘集結待命

八、七十八師翁旅經由楊行鎮——羅店至嘉定在嘉定集結暫歸俞師長指揮

九、各部隊撤退時務派出有力後衛作逐次抵抗其抵抗線如左

第一抵抗線馬橋鎮——唐橋——劉行

第二抵抗線廣福——羅店

十、各部隊應於本日十一時開始撤退不得擅自提早

十一、余現在劉行鎮爾後經嘉定移駐錢門塘鎮

本日午前一時張軍長到達嘉定覺前令二五九旅之撤退目標婁塘鎮過於突出乃以手令該旅改在

葛隆鎮附近集結但以一部在朱家橋頭警戒本日午前各部陸續到達指定地點軍部及直屬隊亦到達錢門塘鎮而令各部佈防下午二時下達之命令如左

一、本軍爲準備長期抗戰計應即在新防禦線構成堅固陣地

二、本軍主陣地線右自馬陸鎮經嘉定城朱家橋頭太倉城達於西湖川塘之線

三、各部隊應擔任之正面及其作戰地境如下

甲、擔任之正面

八十八師及七十八師翁旅應擔任右至馬陸鎮連繫右翼軍左翼沿南橫瀝河嘉定城左至嚴家瀆（嘉定城西北約二千五百米達）陣地之構築

八十七師孫旅應擔任右自嚴家瀆（嘉定城西北約二千五百米達）連繫八十八師左翼經朱家橋頭曹家村陳家宅（西竹橋西南一千五百米達之河岸）陣地之構築在朱家橋頭及曹家村須構成堅固之據點

八十七師宋旅及敎導總隊應擔任右自深家宅（西竹橋西南一千五百米達河岸）連繫孫旅左翼經太倉城鐵港濱河左至西湖川塘陣地之構築

四、各部隊工事務依河川爲外壕先於各要點構成據點式工事然後依時間逐次增强且連繫之

五、各部隊構築工事掩護及警戒由各部隊自任之

六、各部隊於集結整理後利用夜暗卽行開始作業

七、余在錢門塘鎭軍部

處置

電令各部隊云今後主要陣地右自吳淞江瓦崑山陸家橋石牌白茆之綫各部隊主力仍照昨令集於黃渡馬陸鎭嘉定太倉之線敵如以全力來犯則節節拒止逐漸移主力於新陣地

附記

冬日通電

我軍抵抗暴日苦戰月餘以敵軍械之犀利運輸之敏捷賴我民衆援助士兵忠勇肉搏奮鬭傷亡枕藉猶能壓挫敵鋒日人猝增援兵兩師而我以運輸艱難後援不繼自二十一起我軍日有重大死傷以至傾全力於正面戰線而日人以一師之衆自瀏河方面登陸我無兵抽調側面後方均受危險不得已於三月一日夜將全軍撤退至第二防線從事抵禦本軍決本彈盡卒盡之旨不與暴日共戴一天浴血陳

詞尙祁鑒察蔣光鼐蔡廷鍇戴戟暨全體將士叩

呈　何部長陳司令官幷轉蔣委員冬辰電云

一、敵十一、十四兩師團於豔日到達東晨敵全線向我總攻同時幷以一大部由兵艦二十餘艘掩護在楊林口七丫口登陸至下午二時我中央之區廟行鎮以南被敵突破各部傷亡極大預備隊既用盡致無法應付楊林七丫之敵二、至下午四時我正面戰況更形不利而楊林口七丫之敵既佔浮橋鎮左側背深感威脅然尤望上官師能即加左翼驅逐楊林七丫之敵則正面尙可維持至午後八時援絕矢窮部曲候援全線動搖職乃決心於十一時開始全線撤退而作如下之部署(甲)右翼軍莫雄旅撤至顧橋鎮辛莊七寶鎮沈師經鐵道南撤至黃渡鎮區師撤至方泰鎮毛師撤至方泰鎮北方(乙)左翼軍撤至嘉定太倉之線(丙)上官師集結於崑山靑陽港三、現在右翼軍之主力既安全撤至江橋南翔廣福之線前線在眞茹大場之線左翼軍主力亦脫離敵人至嘉定太倉之線(四)士氣仍旺待援即反攻

接張軍長冬寅電云　治頭抵錢門塘鎮謁治軍兵力部署一、八十八師及翁照垣旅在嘉定二、八十七師孫旅在朱家橋頭葛隆鎮三、八十七師孫旅及軍校教導總隊在太倉四、獨立旅莫團在蓬閬

鎮傳國在錢門塘鎮各部隊警戒區域均已適當劃分并令利用據點構築工事嚴爲戒備詳情容續陳

賜電乞由崑山轉送

致張軍長冬戌電云

冬寅電領悉一、今後主要陣地擬右翼自吳淞江亙崑山陳家橋石牌白茆之線經飭構築工事二、各部主力可照昨令集結於黃渡馬陸鎮嘉定太倉之線配備前進陣地於適當地區敵如全力來犯則節節拒止逐漸移其主力於新陣線新線區分另行規定三、望努力偵察隨時電知

呈 何部長陳司令長官并轉蔣委員冬戌電云

茲將職部位置報告如下一、右翼軍莫雄旅在辛莊七寶鎮一帶沈師在江橋鎮區師在小南翔毛師在放生寺一帶二、左翼軍於冬寅到下述各地俞師及翁照垣旅在嘉定八十七師孫旅在朱家橋頭葛隆鎮宋旅及軍校教導總隊在太倉獨立旅莫國在蓬閬鎮傳國及五軍部在錢門塘鎮總部在正儀

謹聞

奉 蔣委員冬亥電開 現軍既移至南翔嘉定太倉一帶爲便於長期抵抗起見亟應構築預備陣地以資準備着速於右翼周巷附近沿青陽港漣浦塘西岸并經周墅鎮雙鳳鎮直塘鎮至交塘鎮之線

迅即興工構築强固陣地用備扼守所有施工情形及完成時日并希電告爲要

奉　蔣委員冬亥電開　冬辰電誦悉據報八十八師祇餘四營兵力戰鬪力微弱非加以整理不堪使用而該師現在正面決難擔任應將該師正面即統由八十七師擔任但正面過廣而以上官師進駐太倉控置左翼爲預備以資策應令八十八師撤至太倉後方妥爲整理爲宜如何希電復

三日

天候　晴和

總部駐正儀

情况一

一、瀏河方面之敵極力向我嘉定城及嘉定太倉之間襲擊

二、敵第九師團之追擊部署以混成旅團及松山聯隊爲南翔支隊

三、敵於今日午後二時對國聯宣佈停止戰爭

情况二

一、我右翼軍各師到達如下之位置

1. 八十八師獨立旅位置仝上

2. 六十師主力到達黃渡鎮至鐵道之線師部在安亭

3. 七十八師主力到達陸家巷附近師部在柿子園

4. 六十一師主力到達方泰鎮附近師部在方泰鎮郝家弄

5. 軍部在正儀

二、我左翼軍各部到達如下之位置

1. 八十八師附一五六旅主力在嘉定一部在城外警戒

2. 八十七師二五九旅主力在葛隆鎮

3. 八十七師二六一旅主力及軍校教導隊在太倉

4. 獨立旅第一團在蓬閬鎮第二團在錢門塘

5. 軍部在錢門塘

三、本晨蔡軍長赴前方視察

戰況

本日午前一時敵十一師團主力向我嘉定太倉之間極力壓迫我二五九旅五一七團經我在婁塘鎮一帶之警戒部隊將敵擊退至八時敵主力分途向我婁塘鎮朱家橋頭之五一七團陣地猛攻激戰至正午該團死傷極大與旅部失連絡兩翼無依托受數倍之敵包圍陣地被截成數段而我官兵仍極力苦戰張軍長據報卽令駐蓬閬鎮獨立旅第一團赴葛隆鎮增援令教導總隊移蓬閬鎮策應令五一七團在原地死力抵抗幷分令太倉之宋旅（二六一旅）派兵掩護二五九旅左翼嘉定之俞師相機策應至午後二時戰況益陷於悲境各方援軍未到而五一七團部被困垓心朱營長耀忝率上尉連附蔡策元以一排兵力馳援與敵肉搏朱營長與蔡連附相繼陣亡團部乘機衝出官兵傷亡二分一以上當時孫旅長會報告張軍長有云五一七團現受包圍覆沒團長失踪職擬在葛隆鎮殉職等語職團之烈可以想見非五一七團官兵之殊死戰葛隆鎮錢門塘不保而京滬路中斷在嘉定黄渡之我右翼軍各師及八十八師危矣

情况三

總部曡據張軍長江巳江午江未三電知八十八師巳放棄嘉定而嘉定太倉間之敵極力向我葛隆鎮壓迫中

判決

敵企圖截斷嘉定太倉之線阻我歸路

決心

本路軍擬乘夜將主力撤退至青陽港崑山東端陸家橋石牌白茆新市之線佔領陣地拒敵西進

處置

一、下達蔡軍長張軍長毛沈區三師長江未電令

文曰江巳電悉敵企圖截斷嘉定太倉之線阻我歸路各軍應留一部散據各要點即五軍分佔錢門塘太倉之線十九軍由吳淞江北岸直安亭望仙橋之線節節抵抗拒止敵之西進其主力即於今晚開始五軍則仍依冬戌電撤至陸家橋石牌白茆新市之線十九軍撤至周港沿青陽港西岸至陸家橋之線（屬之）構築强固工事因守散據各處要點拒止敵進策略由兄等妥爲活用

二、令八十八師獨立旅和機派遣小部騷擾敵之右側

情況四

一、蔡軍長未接到上述之江未電令於三日下午五時三十分在安亭途中下各師之命令如左

命令　三月三日午後五時三十分　於安亭

(一)暴日敵寇以大部壓迫我防線

(二)我軍擬今(三)晚以各部强有力之一部控置於方泰鎮黃渡鎮之線縱長配備左翼切實與第五軍連絡

(三)六十師以一部佈防黃渡左翼至鐵道嚴密警戒其餘主力應背進至靑陽港鐵道橋南陳頭村狀元橋集結整理但六十一師鄭團應歸回建制

(四)六十一師以一部佈防於方泰鎮右翼與六十師左翼與第五軍切實取連絡其主力背進至靑陽港鐵橋以北孔家塘劉灣村整理但古團應歸六十師沈師長指揮

(五)七十八師全部（翁旅歸還建制）即背進至崑山以西虹橋東塘一帶整理爲總預備隊

(六)各部須至夜間靜肅行進

(七)余今(三)晚在安亭附近宿營明(四)晨回崑山總部現在正儀

二、張軍長照江未電令於午後七時下達如左之命令

命令　三月三日午後七時　於錢門塘鎮軍部

一、奉蔣總指揮江未電令（見前從略）

二、本軍遵令應以主力於今晚撤至石牌白茆新市之線以一部在錢門塘鎮——太倉之線佔領陣地拒止敵人掩護本軍之撤退

三、八十八師應經外岡鎮巴城鎮向常熟城集結待命

四、八十七師孫旅應經太倉南端——周墅鎮向石牌鎮佔領陣地對敵警戒莫團及其指揮之教導總隊之第三營着歸該旅長指揮

五、八十七師宋旅應以有力之一部固守太倉拒止敵人掩護本軍之撤退其主力應俟孫旅通過太倉後經直塘鎮向白茆新市佔領陣地對敵警戒該旅固守太倉之一部如敵不來犯不得放棄如受敵壓迫不能固守時准予相機撤退歸還建制

六、獨立旅傅團應以主力在蓬閬鎮以一部在錢門塘鎮佔領陣地拒止敵人掩護本軍之撤退須俟全軍通過蓬閬鎮後相機經周墅鎮石牌鎮向東塘市集結待命

七、教導總隊應經周墅鎮——石牌鎮向東塘墅西南之陳家村附近集結待命該總隊撥歸莫團長指揮之第三營至石牌鎮後着歸還建制

八、各部隊之撤退除朱旅遵照規定外應於本日午後十時開始不得擅自提早

九、各部隊長務確實掌握所部無論日夜行軍均須整肅隱蔽以免混亂秩序并免敵機損害爲要

十、余現在錢門塘鎮爾後向東塘墅前進

附電

接張軍長江巳電云　(一)頃據孫旅長報告敵以大部隊向我婁塘鎮攻擊并由我左翼向我朱家橋頭包圍正在激戰中惟該旅傷亡甚大恐難久持巳令獨立旅莫團開往葛塘鎮增援(二)查敵企圖將截斷嘉太連絡抄襲嘉定而八十八師俞師長迭電告急并聲明該師僅餘槍一千二百枝翁旅亦不告而去(按翁旅奉區師長命令歸回建制)彼不能固守嘉定等語(三)八十七師傷亡過半固當努力堅持惟各部隊長報告正面太寬處處空隙殊有心有餘而力不足之慚(四)駐太倉之四十七師及其他部隊尙無統一指揮非常混亂請示辦法(五)電話請鈞部設法架通以後職軍行動請速訓示遵行

接張軍長江午電云　江巳電諒達婁塘鎮朱家橋頭正在激戰中孫旅大部被敵包圍而俞師現狀疲憊恐亦難達成固守嘉定之任務似此一般情形如爲保全若干力量再接再厲起見似宜統籌全局

第五軍在江灣鎮至楊林口陣地及戰鬪經過要圖

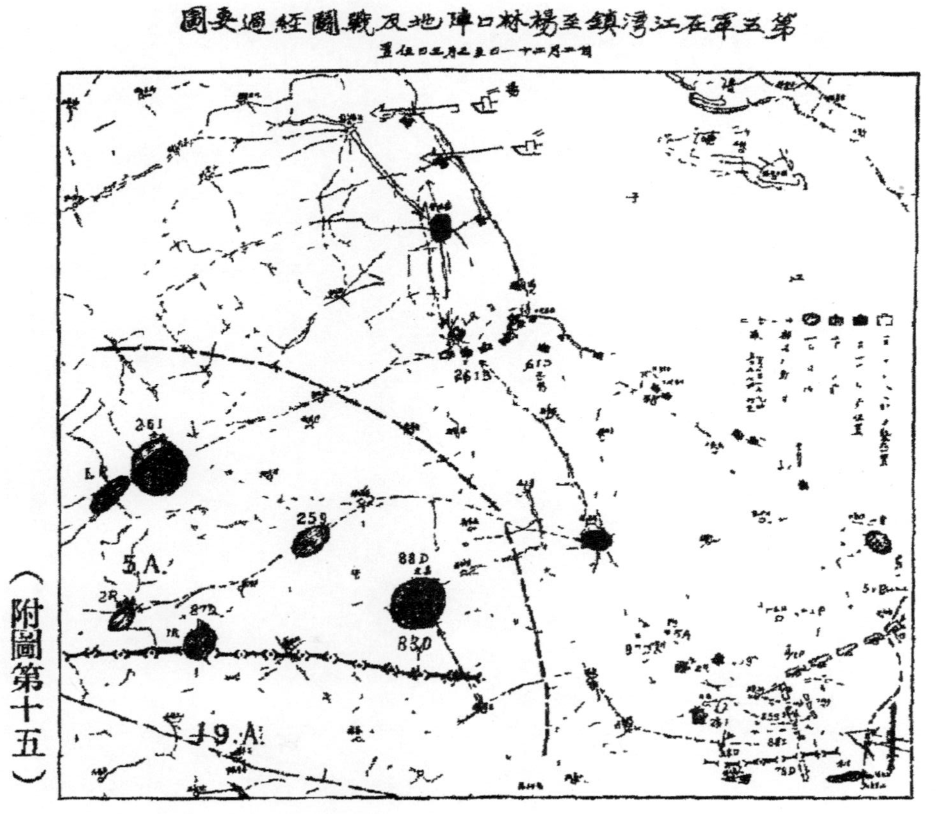

（附圖第十五）

再撤至相當地區以便整理恢復待援反攻否則恐實力損失既盡亦終無補於事略陳管見敬乞裁示遵行

接張軍長江未電云　江午電計達八十七師孫旅被優勢之敵包圍奮勇衝擊現得退到葛隆者不足兩營其餘傷亡殆盡職雖派獨立旅莫團增援而兩翼空虛無從連繫恐難挽回危局萬一不支敵將直下截斷鐵路殊屬危險頃要八十八師電話不通情況想不佳鈞座有何計劃請速決定電示遵行

致莫旅長江午電云

敵現已以全力向我鐵道以北地區壓迫希相機派遣小部騷擾敵之左側後爲盼

呈　蔣委員江電云

冬亥電敬悉經轉令張軍長將俞師留置小部在嘉定警戒餘則撤後整理上官師經飭於青陽港一帶構築工事將來可調爲左翼使用也謹復

呈　何部長陳司令長官并轉蔣委員江酉電云

(一)據張軍長江巳午兩電敵以大部攻我嘉定太倉之間企圖截斷鐵道婁塘鎮已失守我孫旅現在朱家橋頭與敵激戰中(二)職爲策萬全起見作如下之處置甲、右翼軍主力卽晚撤回周巷沿青陽港西岸至馬尾港陸家橋之線警戒線在安亭至望仙橋乙、左翼軍主力卽晚撤回陸家橋石牌白茆新市之線警戒線在錢門塘太倉之線丙、上官師在青陽港一帶構築陣地丁、職仍在正儀謹聞

奉　蔣委員江戌電開　江申電悉稅警兩團憲兵第六團由兄就近相機調度蔣鼎文師接其來電本日先頭始抵常山除電飭兼程急進外前線事由兄適宜處置可也

通電海內外

暴日縱兵遼瀋轉窺東南我十九路軍奉命守土作緊急之自衞與之相搏於滬瀆者一月有餘矣最初與敵之海軍陸戰隊及其先到陸軍鏖戰二十餘日殺傷過當敵不得逞而其第二批陸軍運到我駐在蘇浙之中央直轄第五軍兩師亦加入作戰相持者復一旬殲敵者又六七次彼虜仍不得逞最後乃俟其白川大將率領兩師團來援而我始終在戰場者僅五師爲數不滿四萬敵則加倍於我至是彼虜一面以講和形式詭商停戰欺騙國聯一面以一師加入正面一師由瀏河附近登岸襲我後路使我腹背受敵而我運輸困難援師不及不得已乃於東夕奉命將前線陣地放棄爲戰略的撤退再圖反攻此我十九路軍第五軍一月以來與敵苦戰之經過情形也夫暴日挾其既定整個之計劃亡我我非全國動員以極大之決心作普遍之奮鬭不能得最後勝利我十九路軍與第五軍抗敵本非求一隅之勝負與

彼虜爭一日之短長乃欲以此僅存之血供救國之犧牲作同胞馬前之導卒耳自政府遷洛己決定長期抵抗政策我全國軍民正當秉承此旨一致奮起電掣響應此仆彼繼勿以滬海偏隅之進退爲念勿爲敵人分化之詭謀所中尤望我東北同胞唧灼膚之痛急起遣兵收復失地使敵備多力分我十九路軍第五軍當竭此未盡餘勇與頑虜作最後周旋藉收夾擊之效土耳其苦戰三年卒大破希臘十五萬軍轉敗爲勝杜蘭斯崖一小部族耳亦能血戰三年未稍屈服況我以三萬萬方里之國四百兆人民之衆果能全國一德一心不能殲此跳梁小醜吾不信也朝鮮之亡也猶有陸軍數萬卒被日人解散以盡今我國現額之兵統計不下百餘萬與其待亡國後供彼宰割何如及此未亡之時作一光榮之犧牲此次暴日蹂躪上海多時炸彈所至廬舍墟墟死亡枕藉孑遺黎民莫不同仇敵愾不聞怨聲此等悲壯之劇可泣可歌國士猶是也人民猶是也苟一旦主權既失寄生命於仇人之手其慘狀又當何若耶故願我全國父老子弟毋忘閘北江灣全國軍事領袖毋忘朝鮮及今日之東省暴日向國際公開宣傳詆我謂非有組織之國家卽謂我國人不知鴿原急難擊首而尾不動可以各個擊破也而我全國軍民猶以巢幕遊釜爲安罔知鬩牆禦侮之義忘同室之纓冠作鄉鄰之閉戶是終爲見仇者所快而爲親厚者所痛矣我十九路軍第五軍亦惟有收拾餘燼背城借一事之不濟則拼命於沙場以謝我炎黃祖宗在天

之靈不願爲亡國之民也敢曰乾時之戰雖敗猶榮倘幸卽墨不亡侵地終反撰甲哀鳴淚盡以血維我同胞實昭鑒之總指揮蔣光鼐十九軍軍長蔡廷鍇司令戴戟第五軍軍長張治中暨各師旅團長同叩

江

四日

天候　晴

總部駐正儀

情況一

一、據報現敵之部署如下

1. 南翔方面第九師團

2. 嘉定方面第十一師團

3. 眞茹方面混成第二十四旅團

4. 閘北方面海軍陸戰隊主力

5. 吳淞方面陸戰隊之一部

6. 第十四師團在楊樹浦待機

二、敵混成第二十四旅團至南翔嘉定中間任敵右翼十一師團及左翼第九師團間之連繫

三、敵便衣偵探及斥堠搜索隊異常活動

情況二

一、我左右翼軍各師照江未電令正向青陽港崑山陸家橋石牌白茆新市撤退中先頭部隊已達到指定地點主力本日晚可到達

二、我第九第十四師已到達杭州附近

附電

呈　蔣委員何部長陳司令長官支酉電云

(一)本晨有敵機四五架向崑山蘇州偵察幷射擊(二)南翔有敵步兵千餘砲五六門正在構築工事中(三)午時有敵騎兵三百餘向我黃渡搜索經我射擊後退去(四)本晚各部全力完全撤回至青陽港崑山白茆新市之線前線在安亭太倉之線(五)各部傷殘殊大尚未整理就緒正嚴令各部收容整理中並構築工事謹聞

奉外交部羅部長支戌電開 日代表昨通告國聯上海已停戰日方之宣言亦復如是究竟昨日起日軍已否停止攻擊抑仍繼續進攻我軍現在防線究自何處迄何處離租界若干公里盼速電復

五日

天候 晴

總部駐正儀

情況一

一、敵目下最前線自太倉西北經嘉定南翔真茹梵王渡

二、南翔及太倉方面敵便衣隊及斥堠極活動在南翔之敵砲兵常支援其搜索隊不斷向我黃渡前哨射擊

情況二

三、敵正極力修築後方軍路

判決

本日晨我十九軍第五軍已全數進入青陽港陸家橋白茆新市常熟之線

敵三日午後二時對國聯宣佈停戰但昨今兩日南翔砲兵不斷向我射擊便衣隊向我前進異常活動

企圖不明

決心

利用崑山常熟蘇州間之湖沼地帶節省兵力死守待援

處置

一、爲達上述決心之目的下達如左之命令

命令 三月五日午後二時於正儀總指揮部

1. 敵於三日午後二時對國聯宣佈停止戰爭但昨今兩日南翔砲兵仍不斷向我射擊便衣隊向我前進異常活動企圖不明

2. 本路軍擬佔領靑陽港崑山城陸家橋石牌白茆新市梅李鎭福山鎭之線其前端更派出警戒部隊節節拒止敵人如敵人以主力作眞面目之攻擊萬不得已時則佔領右翼依據九里湖鳳里村東灣港唯亭楊城澄湖至崑城湖及其北端亙常熟至福山鎭江岸之線之預設陣地死守待援

3. 第十九軍以主力佔領崑山城南北之線於安亭太倉之間派出警戒部隊如敵以主力作眞面目

來攻至萬不得已則佔領右翼依托九里湖亙吳家灣唯亭鎮東慶墓村東灣港唯亭左翼依托楊城(澄)湖預設之陣地線死守待援

其詳細配備應如左之要旨

甲、七十八師之鍾團歸沈師長指揮爲前進部隊主力控置於陸家浜車站對安亭作縱深之配備約各以一連在安亭及蓬閬鎮嚴密搜索敵情

乙、余立奎補充團爲獨立支隊固守太倉城對嘉定瀏河方面搜索敵情萬不獲已則退守巴城鎮掩護軍之左側

丙、六十師佔領周巷沿靑陽港西岸經鐵道至十三河灘(屬之)之線構築强固工事拒止當面之敵並負責維持崑山城治安鄧旅則俟鍾團接替防務後歸回建制

丁、六十一師附古團佔領十三河灘至陸家橋(屬之)之線構築强固工事拒止當面之敵與太倉余立奎團取聯絡

張炎旅今(五)晚撤回歸建制

戊、七十八師主力爲預備隊集結於唯亭西端地區待命

己、第一線師須各派出警戒部隊搜索本師正面之敵情

庚、本軍後方在蘇州城

4. 第五軍佔領石牌南端至白茆新市之線右翼派出一小部位置於石牌陸家橋間與陸家橋附近之六十一師取連絡左翼派一部至陸家尖鎮與梅李鎮四十七師連絡主力控置於東塘墅常熟之間如受優勢之敵壓迫萬不獲已則佔領右翼依托後塘湖經崑城湖常熟之線死守待援

後方倉庫應在無錫

5. 四十七師擔任常熟東北梅李鎮謝家橋鎮東北沿江一帶佈防對江面警戒與常熟之俞師取聯絡其主力集結於常熟西北大義橋附近如梅李鎮方面受優勢之敵壓迫時則固守小王橋謝家橋鎮至福山鎮之線幷應注意沿江方面

後方倉庫應在江陰附近設立

6. 作戰地境

十九軍 ⎫
五　軍 ⎭ 以太倉陸橋巴城之線爲作戰地境（線上屬十九軍）

五　軍 ⎫
四十七師 ⎭ 以周涇口鎮至小王橋虞山西北端之線（線上屬五軍）

7. 交通網另行設計
8. 糧食彈藥之補給各部自行籌劃之
9. 本部在蘇州設傷兵總收容所
10. 余在正儀

附記 1. 參用十萬分一地圖
2. 所指示地名與實施地形不適合者可由各師長在一千米內酌改之但須即時報告
3. 八十八師獨立旅仍在顧橋幸莊七寶鎮之線

二、令七十八師以一團駐陸家浜車站一部至安亭黃渡一部至蓬閬鎮令補充團固守太倉
三、令張軍長將蓬閬鎮太倉之部隊撤回整理

附電

致四十七師長上官寠相微午電令云
敵於江未對國聯宣佈停戰但昨今兩日仍不斷向我砲擊便衣隊向我前進企圖未明茲為鞏固崑山
常熟防線阻敵之迂迴起見着四十七師全部於魚日開赴常熟東北梅李鎮謝家橋鎮對東北及沿河

一帶佈防與常熟第五軍八十八師確取聯絡特電遵照仍將開拔及到達佈防情形報查爲要

致第五軍長張治中微午電令云

支午電敬悉敵於江未對國聯宣佈停戰但昨今兩日敵便衣隊仍向我葛隆鎮前進南翔之敵不斷向我砲擊企圖未明茲爲鞏固崑山常熟防線阻敵之迂迴起見經令上官師全部魚日開赴常熟東北梅李鎮謝家橋鎮對東北及沿河一帶佈防貴軍務與確取連絡爲要

呈　羅部長微午電云

支戌電敬悉(一)敝部前線刻在幸莊七寶安亭太倉之線敵前綫已到達南翔嘉定(二)敵昨日有騎兵約二百由南翔黃渡進攻大砲不斷向我射擊便衣隊向嘉定太倉間前進企圖如何未明外交情形仍盼時示

致張軍長治中微酉電云

經飭區師派一團駐陸家浜車站派出警戒部隊至安亭黃渡一部至蓬閬鎮又令余立奎補充兩團固守太倉貴部在錢門塘及太倉之部隊可撤回整理

呈　陳司令長官并轉蔣委員微戌電云

我軍前線現仍在黄渡太倉之線大部已撤回青陽港西岸周巷陸家橋石牌白茆新市之線構築工事

據報敵之便衣隊百餘人今午進至葛隆鎮等語

六日

天候　晴

總部駐正儀

情況一

一、據報敵之部署如左

1. 第九師團在南翔

2. 第十一師團在嘉定

3. 第十四師團在瀏河（該師係在吳淞登陸）

4. 混成第二十四旅團在江灣

5. 閘北吳淞爲海軍陸戰隊

情況二

本路軍各師正在靑陽港崑山陸家橋石牌常熟之線構築工事中

附電

呈　何部長陳司令長官并轉蔣委員魚巳電云

(一)昨敵機三架到崑山蘇州偵察及射擊南翔敵砲不斷向我黃渡射擊便衣隊數百來犯安亭(二)職部從新配備如左甲、十九軍右翼莫雄旅仍在辛莊七寶之線沈師由周巷至十三河灘毛師由十三河灘至陸家橋七十八師在唯亭西端集結待命以一團在陸家浜車站至安亭蓬閬鎭爲前進部隊余立奎團在太倉爲支隊乙、五軍張師由石牌至白茆新市之線右與毛師左與上官師連絡俞師集結常熟城丙、上官師在梅李鎭福山鎭警戒主力在常熟之西北端集結(三)萬不獲已則將上述各部撤至九里湖鳳里村唯亭楊城湖崑城湖常熟福山鎭之線死守待援謹聞

七日

天候　晴

總部駐正儀

情況一

一、敵前進部隊在黃渡車站外岡鎭葛隆鎭陸渡橋岳王市之線我太倉之前進部隊時受襲擊

情況二

我第五、十九兩軍及四十七師仍努力構築工事中

八日

天候　晴

總部駐正儀

情況

一、敵騎兵數百由陸渡橋向我太倉威力搜索與我前哨激戰數小時退去

處置

爲指揮便利迅速起見令四十七師歸第五軍長張治中指揮

附電

致張軍長上官師長電

四十七師防區與五軍密接茲爲軍事便利指揮迅速起見着四十七師歸張軍長指揮特電遵照

自三月十日以後我各師已整理就緒青陽港至崑山陸家橋常熟及其北端之工事已完成唯亭陽城(澄)湖崑山湖禰山鎮鹿苑鎮及蘇州城防之工事正分頭構築中太倉方面之敵斥堠雖不時向我搜索威脅我守兵嚴陣以待敵無機可乘

自三月四日國聯議決滬案仍由英美法意四國駐華公使調解後三月二十四日敵我外交代表與四國公使在上海開停戰會議至五月五日正午十二時停戰協定簽字本路軍於五月七日下令復員五月十日開始移動

第十九路軍

六十師駐崑山蘇州

七十八師駐無錫常州丹陽

六十一師駐鎮江南京

第五軍

八十七師駐南京

八十八師駐漢口

四十七師仍駐常熟

八十八師獨立旅駐松江嘉興

中央撥來配屬之砲兵工兵各歸回建制

第四編　戰後之結果

第十七章　戰後之結果

吾人研究日俄戰史皆知戰勝者日本而失敗者俄國然俄雖軍事失敗而外交上則大獲勝利也日爲戰勝國實未收得政略上完滿目的而淞滬戰役日政府之政略蓋企圖以淞滬戰事威脅我幾輔以策動滿洲外交之進展乘機在有利地位解决中日之一切懸案淞滬戰事發生之原因吾人已下斷語曰爲日軍閥侵略我國之支動作此種支動作又純受其政府政略之支配國人不察以爲侵滬軍事日政治家與軍事家主張不一致此種論調以爲反間之宣傳則可以爲作應付之方針實未可也淞滬之戰日政略之企圖經如上述在軍事上我雖撤退而雙方死傷敵且甚於我第九師團及混成二十四旅團海軍陸戰隊先後補充新兵萬餘人則其死傷之大可知此傷亡上敵實未嘗勝利日陸軍省及海軍軍令部之公佈海陸空軍之死傷只二千二百名惟另據報則五倍其數此固日人慣用之偽裝手段以自炫而對我則爲攻心之術自淞滬一役益覺東北不戰而亡爲可悲戰當未必亡也往昔陳兵三島威嚇我留日生徒以作攻心之上策者至此亦破碎無餘此又爲日軍略上之失敗也其所抱之滬戰政略非

獨完全失敗且加對於人類酷虐之罪惡予列强以深刻之認識而陷外交於孤立之環境其政略之損失更鉅矣我國在物質上公私之損失統計在十六萬萬元以上官兵傷亡一萬五千餘人民傷亡約五千以上以如此偉大之犧牲而震起四百兆同胞麻木之心弦及增高炎黃華胄在人類之地位國殤烈士固堪自慰矣而五千白骨至今仍堆江畔寡婦孤兒流離顛沛後死者其何以慰先烈於九原耶傷哉

第十八章　敵人官兵死傷調查表

第十九章　我國軍死傷表

第二十章　武器彈藥之損耗表

第二十一章　俘獲表

第十九路軍戰鬥詳報第一號附表

民國二十一年一月二十八日至三月二十三日淞滬抗日之役敵人官兵死傷概數調查表

官或兵	負傷概數	陣亡概數	月日	地點	備考
官			二月初七晚		是日夜襲擊我軍之部隊係敵之第二中隊
兵		三五〇			
官	失踪一		二月二十二日	江灣	據報失踪之聯大隊長并其全隊覆沒敵之統計在其司令部發表
兵		三〇〇			
官		一	二月二十三、四日	廟行戰役	據敵由滬開往蘇州時被我軍擊斃傷兵塞滿平滬路日本小學云的據漢奸云係日方調查統計
兵	八〇〇	七〇〇〇			
官			二月二十六日	八字橋攔殺路	傷兵由八字橋運回匯山碼頭亡的在攔殺路被地雷炸死
兵	二〇〇	五〇〇			
官			三月一、二、三日	全線之役	據日軍司令部發表
兵		陸軍七〇〇 海軍四〇〇			
官			三月二十三日	瀏河李家樓	被我軍陸地王旅之哨兵擊斃
兵		二			
統計 官	失踪一生死未明	一	合計傷亡官兵共一〇二五四		
統計 兵	一〇〇〇	九二五二			
附記	敵人傷亡係由各方情報所得及據敵官之發表				

類別		品名						
[illegible]		小口徑彈			[illegible]			[illegible]
		擲彈筒彈			[illegible]		[illegible]	[illegible]
		擲榴彈					[illegible]	[illegible]
損	武	山砲	一					一
		迫擊砲		[illegible]		二		七
		小加農砲	[illegible]				[illegible]	九
		自動槍		一	[illegible]	[illegible]	[illegible]	[illegible]
		機關槍		一〇	[illegible]	[illegible]	[illegible]	[illegible]
		手提機槍		七			[illegible]	[illegible]
		步馬槍	[illegible]	[illegible]	[illegible]	三二八	[illegible]	[illegible]
		駁殼槍		[illegible]	[illegible]	[illegible]		[illegible]
		手槍	[illegible]		[illegible]	一	[illegible]	[illegible]
		信號槍			九		[illegible]	[illegible]
		擲榴槍					一五	[illegible]
	器	刺刀	[illegible]	[illegible]	[illegible]	[illegible]		[illegible]
		自來得槍				一	[illegible]	[illegible]
	彈	迫擊砲彈				[illegible]		[illegible]
		迫砲彈				[illegible]		[illegible]
		自動槍彈						
		機關槍彈				[illegible]		[illegible]
		步槍彈						
失	藥	駁殼槍彈				[illegible]		[illegible]
		手槍彈				[illegible]	[illegible]	[illegible]

河道不通致遺失

第十九路軍戰鬭詳報第二號附表

民國二十一年一月二十八日至三月三日淞滬抗日之役死傷表

隊別 \ 區分		參加戰鬭人馬			陣亡			負傷			生死不明		
		軍官佐	士兵	馬匹	軍官佐	士兵	馬匹	軍官佐	士兵	馬匹	軍官佐	士兵	馬匹
第十九軍	第六十師	六二〇	八八五一	五五一	六六	三九八	三三	九三	一二五四		一	六	三
	第六十一師	六四四	一〇六九九	三二〇	四六	九四六		一九三	一六〇三				
	第七十八師	五三三	九七三一	三一〇	四三	三二八	一	三二一四	一九七三	一	五	九八一	
第五軍	第八十七師	二六八	三四八〇	三三	四三	三六一		九九	一三八		四	三三八	
	第八十八師	六九八	二七三八	五五	二一〇			一三四	一五〇三		七七	一九〇	
合計		四四五〇	四六六六三	四五三一	三三五	四〇〇四	三三	六四一	九六三一	二	四七	四〇三三	三

附記：

一、十九路軍留京鎮守部隊第五軍駐南京開封濟陽部隊未列入

二、第七十八師尚有上海義勇軍三百一十八人鐵血團二百五十八人未列入又鐵血團死團員一傷十五未列入

第十九路軍戰鬥詳報第三號附表

民國二十一年一月二十八日至三月三日淞滬抗日之役武器彈藥損耗表

隊別	區分	野炮彈	山炮彈	高射炮彈	迫炮彈	小炮彈	自動鎗彈	機關鎗彈	手提機彈	步鎗彈	駁殼彈	手鎗彈	信號彈	[illegible]彈	手榴彈	地雷
第十九軍	第六十師	一八〇〇			[illegible]	二四〇〇	[illegible]	[illegible]		[illegible]		[illegible]			[illegible]	
	第六十一師		[illegible]	一〇〇〇	[illegible]		[illegible]	[illegible]	[illegible]	[illegible]	[illegible]	[illegible]		[illegible]	[illegible]	[illegible]
	第七十八師		五〇〇		二二八		[illegible]	[illegible]	[illegible]	[illegible]	[illegible]	[illegible]		一〇一	[illegible]	
第五軍	第八十七師				一六?	[illegible]	[illegible]	[illegible]	[illegible]	[illegible]	[illegible]	[illegible]	[illegible]		[illegible]	
	第八十八師					[illegible]	[illegible]	[illegible]	[illegible]	[illegible]	[illegible]	[illegible]	[illegible]			
合計		一八〇〇	[illegible]	一〇〇〇	[illegible]	[illegible]	[illegible]	[illegible]	[illegible]	[illegible]	[illegible]	[illegible]	[illegible]	[illegible]	[illegible]	[illegible]

附記

一、第六十一師損失工作器具一〇六四件第七十八師損失工作器具七二件未列入表內

二、第八十七師損失小口徑槍一枝及望遠鏡三五個未列表內

三、第七十八師遺失之子彈因該師撤至第二線作預備隊因移動師部於嘉定為敵機轟炸南翔何(?)處之房屋埋塞

四、第八十七師損失自動槍損內自動步槍四三枝自動手槍一枝

第十九路軍戰鬥詳報第四號附表

民國二十一年一月二十八日至三月三日淞滬抗日之役虜獲表

種類	俘虜		戰利品											備考
區分	軍官	士兵	馬匹	飛機	戰車	步馬槍	機關槍	槍彈	手擲彈	鋼盔	防彈背心	望遠鏡	其他物品	
第六十師	、	二	五	—	—	三九		一四〇	一四〇	一四九	八〇			
第六十一師	—	一		一	—	一四		五六五〇		二四		一	旗幟七	
第七十八師	—	—	—	—	—	二	—	五八七	—	一	-		單車二	
第八十七師	—	—	—	一	—	一五		三三〇〇			—		旗幟三；呢大衣、水壺、背包等一〇	
第八十八師			一		—	二	—	-			—		—	
合計	二	三	六	二	五	七二		九六七七	一七〇	一七四	八〇	一	單車二、旗幟一〇；呢大衣、水壺、背包等一〇	

附：所俘飛機係被我射落全身均毀戰車亦被地雷炸燬矣

第五編 結論

第二十二章 敵人兵力之調查

閘北吳淞戰鬬時敵兵力及指揮官姓名

司令官海軍少將、鹽澤幸一

第一遣外艦隊

司令鹽澤幸一

巡洋艦

大井 平戶 夕張三艘

驅逐艦

薄 藤 荻 葛 浦風等十七艘

砲艦

安宅 保津二艘

敷設艦

常盤一艘

航空母艦

能登呂一艘　飛機四十架

海軍陸戰隊

指揮官海軍大佐鮫島具重

海軍陸戰隊第一大隊　每大隊約一千人

海軍陸戰隊第二大隊

海軍陸戰隊第三大隊

滬在鄉軍人之便衣隊二千餘人

特別海軍陸戰隊　自開戰後陸續增加約三四千人

八字橋蘊藻浜戰鬬時之敵人兵力及指揮官姓名

司令官海軍中將野村吉三郎

第一遣外艦隊共二十四艘（其主力游弋長江監視我後方部隊之調動）

司令鹽澤幸一

第三遣外艦隊

司令野村吉三郎兼

巡洋艦四艘

驅逐艦七艘

砲艦四艘

輸送艦四艘

航空母艦二艘

海軍陸戰隊

指揮官海軍少將植松練磨

陸戰隊改編爲八大隊　每隊約一千人

陸軍

久留米十二師團之混成二十四旅團

旅團長陸軍少將下元熊彌

後備步兵第十四聯隊第二營

後備步兵第二十四聯隊第一營

後備步兵第四十六聯隊第一營

後備步兵第四十八聯隊第一營

獨立山砲第三聯隊第二營（II/3BAS原符號）

工兵第十八大隊第二中隊

查後備兵每大隊步兵四連機關槍一連

空軍

除航空母艦之海軍飛機百餘架外陸軍飛機約三十餘架

㢢行江灣會戰之敵兵力及指揮官姓名

司令官陸軍中將植田謙吉

陸軍第九師團

師團長植田謙吉衆

參謀長陸軍少將田代皖一郎

步兵第六旅團

旅團長陸軍少將前原宏行

步兵第七聯隊（金澤聯隊）

聯隊長步兵大佐林大八（三月一日在江灣附近陣亡）

步兵第三十五聯隊（富山聯隊）

聯隊長步兵大佐德野外次郎

步兵第十八旅團

旅團長陸軍少將小野幸吉

步兵第十九聯隊（敦賀聯隊）

聯隊長步兵大佐酒勾宗次郎

步兵第三十六聯隊（鯖江聯隊）

聯隊長步兵大佐大賀一郎

查每大隊步兵三連機關槍一連

騎兵第九聯隊

聯隊長騎兵大佐野澤北地

山砲第九聯隊

聯隊長砲兵大佐岩野正治

工兵第九大隊

大隊長工兵中佐（?）横山正雄

輜重兵第九大隊

大隊長輜重兵中佐（?）今村基成

師通訊隊

衛生隊

第一四野戰病院

配屬部隊

獨立戰車第二中隊

野砲重砲兵第一大隊

攻城重砲兵第一中隊

大隊長砲兵少佐西嵩英

第一二野戰高射砲隊

臨時派遣工兵中隊

無線電信隊二十二 二十三小隊

飛行第二大隊（轄二中隊第一中隊偵察機第二中隊戰鬪機）

大隊長飛航中佐鈴木越郎

獨立飛行中隊（重爆擊機）

中隊長飛航少佐神谷正直

兵站自動車中隊

混成第二十四旅團（仝上）

海軍

第一遣外艦隊（仝上）

第三遣外艦隊（仝上）

廟行劉河會戰之敵兵力及指揮官姓名

軍司令官陸軍大將白川義則

參謀長田代皖一郎（第九師團參謀長由副參謀長步兵大佐谷實夫調充）

第九師團及配屬部隊（仝上）

混成第二十四旅團（仝上）

第十一師團

師團長陸軍中將厚篤東太郎

參謀長不詳

步兵第十旅團

旅團長陸軍少將稻垣孝照

步兵第十二聯隊

步兵第二十二聯隊

步兵第二十二旅團

旅團長陸軍少將山田健三

步兵第四十三聯隊

步兵第四十四聯隊

騎兵第十一聯隊

山砲兵第十一聯隊

工兵第十一大隊

輜重兵第十一大隊

第十四師團

師團長陸軍中將松木直亮
參謀長不詳
步兵第二十七旅團
旅團長陸軍少將平松英雄
步兵第二聯隊
步兵第五十九聯隊
步兵第二十八旅團
旅團長陸軍少將平賀貞藏
步兵第十五聯隊
步兵第五十聯隊
騎兵第十八聯隊
野砲兵第二十聯隊
工兵第十四大隊

輜重兵第十四大隊

海軍

司令官野村吉三郎

第一遣外艦隊（仝上）

司令鹽澤幸一

第三遣外艦隊（仝上）

司令野村吉三郎兼

海軍陸戰隊（仝上）

指揮官海軍少將植松練磨

空軍

陸軍飛機

立川飛行聯隊一部八十三架（偵察機十八架爆擊機六十五架）

濱松飛行聯隊一部四十五架

各務原飛行聯隊一部二十架

海軍飛機

鳳翔母艦六十架（偵察機十二架爆擊機四十八架）

加賀母艦六十架

能登呂母艦四十架

在航空母艦尙未裝之材料一百四十架

根據敵第九師團編制及將校職員表（二五九旅第五一七團在廟行鎮附近虜獲）敵現役步兵大隊（營）係步兵三中隊（三連）機關槍一中隊（連）編成混成旅團之後備大隊（營）係步兵四中隊（四連）機關槍一中隊（連）編成山砲兵團由三大隊（營）編成每大隊由二中隊（兩連）編成野戰重砲兵大隊則係三中隊（連）編成飛行大隊則由二中隊及材料廠編成餘見附表此外軍仍有直屬砲兵其番號及兵力不詳

第二十三章　國軍之參戰部隊

國軍之參戰部隊

第十九軍

六十師

六十一師

七十八師

第五軍

八十七師

獨立旅

八十八師

獨立旅（卽稅警總團歸十九軍指揮）

中央軍校敎導總隊

四十七師

淞滬警備司令部

軍政部工兵敎導隊兩中隊

軍政部地雷隊兩中隊

軍政部交通兵團無綫電站三個分隊

鐵甲車隊第某大隊

憲兵第六團

訓練總監部工兵監部

砲兵專門學校野砲排

粵海軍水雷隊

粵飛機第二隊

第二十四章　戰後所得之經驗

甲、對於作戰應注意事項

一、陣地工事須用縱深配備㈠可減少損害㈡雖被敵突破一點尚可節節抵抗㈢突入之敵可受我三面射擊之損害

二、第一線守兵宜派極少數之監視哨或配屬相當之自動步鎗以減受敵砲擊之損害

三、欲避免敵砲火之損害而與其步兵直接交戰宜於敵砲兵開始發射時我軍卽行出擊將其前進部隊擊退以求與敵步兵肉搏則其砲兵自失效力

四、在敵物質優勝之下交戰應常利用夜襲但應派出小部施行之免多受損害

五、工事以構築各個之散兵掩體增大其間隔爲宜交通壕須盡量構築愈多愈妙

乙、日軍方面之一切

一、日軍步砲協同及陸海空軍之聯絡協同作戰均極確實常集中各種火力施行一點之突破

二、日軍於戰鬭時常多按戰術原則逐步進行不肯輕易涉險要而言之彼攻防之一般要領乃重在火戰以取勝不事肉搏以致果

三、日砲兵以重砲爲主彈以榴彈爲主戰鬭時常以數十門放列構成集束火網以增大威力

四、敵步兵以機關槍爲骨幹常組成多量戰鬭羣以疏散前進法向我前進

五、敵退却秩序常井然不亂每退至百米卽行抵抗一次

六、敵機關槍陣地之構築其高度與一般陣地大致相平故目標不易顯露

七、敵工事副防禦築設甚爲强固所有陣地或新佔領陣地之前均架設鐵絲網通以電流

八、敵軍工事有築於村落後方者當其由村前退入村後之陣地時我軍常不察向後面村落致受損失

九、日軍陣地皆爲據點式尤注意側防對以班排均分開段落各據點均有交通壕數道

十、敵在戰鬭間運用機關槍常行斷續發射以減小目標

十一、日軍夜間常利用小部隊向我陣地襲擊以疲我軍拂曉或白晝則常以大部突擊因其能得飛機砲兵之協助

十二、日軍突擊時必利用猛烈之砲火與飛機之威脅或藉戰車之掩護以施行其突擊

十三、日軍利用飛機空中照像將我軍陣地情形攝去嗣後須特別注意僞裝以眩惑之

十四、敵士兵在戰時有三種必要攜備之物一鋼盔二擲彈筒三爲毒藥包——此項毒藥包尤以前哨或便衣偵探攜帶最多如被我俘獲每乘我檢查中毒時逃去

十五、日軍通常編制每師團（即師）設步兵兩旅團（即旅）每旅團設兩聯隊每聯隊約二千四五百人附平曲擊射砲重輕迫擊砲重機關槍各一連每師團并設有騎兵砲兵各一聯隊工兵輜重兵各一大隊每師團人數總在一萬六千以上

丙、我軍之一切

一、我軍士氣極盛皆富於勇敢犧牲之精神

二、我軍第一線之兵力配備往往失之過大致受無益之損害預備隊亦多不用以出擊而用於填塞火線

三、我軍手榴彈投擲後不爆發者甚多或因製造之不精抑爲不沉着之故且我軍以手榴彈不易攜帶常棄置陣地內

四、我軍所築陣地多簡陋掩蔽不確實而交通壕設置極少致進退不便

五、我軍機關槍常喜連續射擊予敵砲兵以良好目標致受損害

六、我軍士兵一臨火線常無目標輒行射擊致虛耗彈藥

七、我軍擔架隊大少救護業務不良前線受傷官兵常由戰鬬兵自行抬下火線致使戰鬬力減少

八、我軍除電話通信之外別無其他連絡方法且電話均係單線故時常發生阻礙而通信兵查線又復不勤動作遲緩

第二十五章　戰後國軍應改良之所見

此次戰爭我軍以數萬之衆而抗十萬之敵以短兵而當彼飛機大砲其衆寡之懸殊裝備之優劣實不可以道里計然我軍並不以物質之缺陷而影響軍事更反因物質之缺乏而益增作戰精神之優勢堅守月餘屢挫敵鋒使敵三增其兵四易其將轉暴露其無能而益張我之威勢引起世界各國之驚駭以維我國家民族之地位而不墜者則我軍作戰之精神良有足多也乃敵軍挾其犀利之飛機大砲肆意轟擊我之商場爆炸我之交通機關砲毀我之村落破壞我之陣地殺傷我之員兵而我只能採取消極之抵抗而不能作積極之制止甚至最終勝利竟屬敵人以其勝負因果而言豈非物質所影響也哉基此戰事之結果我軍所得之教訓一方面因深信精神之威力足以戰勝物質同時亦不能不承認物質之威力足以壓倒精神此次戰爭實開精神物質之大鬭爭各得發揮其威能且各得最大之成功近世戰史上特成一好例不但足以予我國人以最大之激刺而且為近世軍事家之警鐘我軍藉此一戰得與暴日比長量短明瞭彼我長短之所在以為他日改良之基礎則此戰有益於我國家民族者實非淺鮮也故此後改良國軍對於精神物質二方面實不宜有所偏重須由平時養成雙方平衡之力量一至戰時方能發揮最高度之威力而收穫最後戰勝之結果且採取敵之所長以補我之所短發揚我之所優以制敵之所劣茲以此次戰爭之經驗及所得之教訓對我國軍自不能不有多少改良之點謹揭其

犖犖諸端略爲討論以供改良國軍之參考幸我國人共垂察焉

一、編制及裝備之應改良　戰爭勝敗之素因固在軍隊之精粗指揮之巧拙兵力之多寡以及地形天候氣象時刻之影響等然編制與裝備之良否亦有莫大之關係此次在作戰當中發見我之編制與裝備不完善之點而足以影響於我軍戰鬭者實在不少亟宜乘此時機積極改良以臻完善蓋編制裝備之標準須本國防之方針國家經濟之狀況以及列國之關係而決定之我國以前因在革命時期未遑計及國防故各軍編制多不以國防爲着眼點而僅以自己經濟之力量爲基準至一旦邊陲告警乃驅編制裝備不完善之軍隊而應强敵安可得哉當此外侮日亟倘欲鞏固國防改良國軍自不能不先從編制裝備着手茲依我國經濟可能範圍內而以暴日爲我軍之對象以定改良之基準列陳於後以資採擇

1.添設各種兵編成健全的軍隊　『理由』軍隊之有諸兵種不啻人之有五官百骸各有其能各盡其用相因相助而不可稍缺者也編制不完整殆如人之五官不全匪獨失其所缺者之機能即全能的力量亦難發揮盡致我國軍編制向來不甚側重特種兵各軍中特種部隊多不設置有者亦不過稍具雛形而已故吾國軍隊只可稱爲步兵集團安有編制之可言比之日軍編制之完備實不啻

霄壤之別當此科學愈昌明兵器愈精巧戰術愈演進戰爭的趨勢已進於機械化電氣化科學化而我猶尙不知適應時代急圖改造依然以簡單之編制操陳腐之戰術與立在時代尖端之敵人對抗其勝敗之成算不待蓍龜矣此後亟須酌量緩急積極設置養成健全的軍隊以爲國防之基礎此舉實不容緩也

2. 擴充空軍及防空設備

甲、每軍須設立航空一大隊　『理由』空軍與作戰之關係及重要以此次戰爭之感覺不論何人均有深切明瞭之認識所以我軍此次欲適應立體戰術之要求自不能不急謀空軍之擴充然空軍之建設及推廣政府已有完整之計劃但陸軍之附設航空隊仍未見諸擬議似未免有未周之處蓋對外作戰軍爲戰略之單位欲求戰略之進展對於立體的任務自不能不面面俱到關於軍隊運動之隱密敵情之偵察敵人後方之擾亂交通之截斷重要機關之破壞敵空之控制我領空之防禦陸空之聯合砲兵之觀測等等無不依賴航空隊之力量故各國編制軍師皆有航空隊之設置惟我則付之缺如遂受暴日空軍莫大之威脅而莫可如何良堪浩嘆爲今之計亟宜從速設置但爲財力所限師則暫不設置先由軍設立平時已可藉以演練部隊戰時便可用以制敵一軍如此各軍皆從而效之

分途籌設既可補政府之未周且大規模之空軍不難隨時而集一舉數得利莫大焉

乙、每軍須設立高射砲一大隊　『理由』此次敵人傾其國內之空軍加入作戰我之領空完全被其佔制凡我軍隊之運動軍準之配置陣場之景況無不被其探悉我之陣地我之兵員我之後方重要機關任從敵機爆彈之炸毀我已無飛機與敵對抗復缺乏高射砲等與敵周旋任令敵機凌空飛翔肆行爆炸如入無人之境而我坐遭莫大之損害致影響陸上部隊之進展寧非一至大之痛心事乎查歐美各國每軍尙有高射砲旅之設置其防空之設備重視如此而我則尙付缺如此後痛定思痛每軍至小限度須設高射砲一大隊逐漸擴充征空防空同時並舉則立體戰術我亦可望而幾矣

丙、步兵團每團須設立高射機關槍一連　『理由』戰時團負有戰場上一方面之任務況當此兵器之進步戰鬬正面之寬廣縱深之長大對於空防僅以飛機及高射砲仍有防禦未周之慮此次各戰役敵機不但用以偵察及轟炸我之陣地有時尙且低空飛行用機關槍掃射我陸上之部隊使我兵士精神上受極大之打擊查各國陸軍均有高射機關槍隊之編制我軍基於此次之教訓似應急不容緩若能每團依照設立則戰時每師已有高射砲隊（由軍配屬）每團復有高射機關槍隊專以對空防禦則空防可得鞏固陸上部隊亦可不受其影響陸空之連合陣勢既成立體之戰爭當有

長足之進步可以預言矣

3. 須擴充砲兵部隊　『理由』此次作戰敵我兩軍其戰術上之焦點敵軍多側重火戰我軍多側重白刃戰然以戰術原則而論火戰佔全戰鬭之最大部分白刃戰僅決戰之最後手段敵軍基此原則恆集中多數之砲兵向我陣地作集中與破摧之射擊起初極力避免決戰一待陣地被其破毀我之兵員受其殺傷過半則揮兵向我陣地突進而我雖頑强抵抗然創傷之餘無有餘力與之決戰因此致敗者屢見之矣江灣廟行鎮之役前線守兵蒙敵火之大損害而一時無法恢復其攻擊力可為明證又敵亦有因攻擊不成功而轉為失敗時猶能利用砲兵阻止射擊拒止我軍進擊使敵安全退却以脫離戰場之危險者如二月二十三日二十五日廟行鎮小場廟各役便可證明自歐戰後砲兵遂成為戰場之主兵此次日軍深受歐戰之經驗利用砲兵以制我而我僅以劣勢之砲兵不足以制敵任令敵軍砲火縱橫肆行轟炸使我錦繡商場頓成瓦礫以定戰局之最後命運其砲火之威力亦云大矣查各國陸軍編制軍有重砲旅師有野砲或山砲團步兵團有步兵砲隊之設而我每師僅有一營有名無實之砲兵其火力之薄弱安能適應於今日之新戰術此後最低限度須以日軍為對象軍設重砲一團師設野砲或山砲一營（逐漸擴充至一團）步兵團設步兵砲一隊方足以為抗衡蓋砲兵之戰術在以

火力壓倒敵人對敵砲兵之遠戰破壞敵之堅固陣地及交通遮斷擾亂等自不能不設長射程與大口徑之重砲以增軍之威力然在支援友軍破壞敵之陣地交通遮斷擾亂以及對敵砲兵之遠戰師則不可不設野砲或山砲之部隊至於兩軍相與迫近則步兵砲步機關槍之威力因以顯著同時機關槍又成爲戰線之骨幹倘欲壓制敵之步兵砲撲滅敵之機關槍以便我軍之進展自不能不設步兵砲以制之查日軍團有步兵砲一隊之設置蓋即爲近距離之對敵步兵砲機關槍而設也在以戰術之見地上我編制之對象上立論不能不依以上所陳而擴充之

4. 除每營須設機關槍一連外各連應增加自動步槍之火力　『理由』營爲戰術之單位不論攻擊防禦,其展開與配置務須附有骨幹之火力以爲戰術之據點方能展開戰術之優勢此次日軍除挾其砲兵之威力外步兵且多挾有犀利之機關槍其火網之構成完全以機關槍爲骨幹其編制與戰術之巧妙我人不能不承認其優點蓋機關槍之威力强大所用之兵員又可減少對於戰術之使用實有無限之便利誠爲營中不可不設置之兵種查日軍平時編制每營有機關槍一連戰時機關槍增加編制較此更大自不待言我則不論平時戰時每營僅有一連四挺其火力之懸殊大足以影響戰術之活用故此後之改良不可不急急於設置也

5. 步兵班之班數宜增加爲六班其中須設輕機關槍二班或三班（或自動步槍三挺編爲自動步槍三班）擲彈筒一班（步兵班每班八人至十二人輕機關槍班每班七人擲彈筒班每班六人）

『理由』排在攻擊時負有連火線一部之任務防禦時則爲連之支點且兵器之進步戰術之變遷作戰重點多置之排連其重要性可想而知但以我軍之編制排之班數僅三未免過少以攻擊論只能以二班構成火線一班爲援隊其側方之警戒則苦無兵可派其正面側面均感薄弱至於防禦時更不能作縱深之配備無充分之强靱性最容易爲敵突破且敵突破後更不能再作陣地內之防禦非以預備隊塡補或逆襲則無有他術其編制之缺點顯然易見以此次經驗爲避免敵砲火損害與鞏固陣地起見縱深配備實爲最高原則然欲基此原則而編制又非增加班數不爲功然班數應增加至若干班方爲適當大有討論之價値以四班制論依然與三班制不相上下增設亦無有多大之利益五班制較之四班制有利縱深配置可分作數羣或梯形其强度亦較大但當翼連戰鬥時側後方之警戒仍有多少不充分其强度亦頗嫌不甚鞏固若增至六班制攻擊時側後方危險之度絕少防禦時亦可以作梯形或數羣縱深之配備其部隊之威力及强度因之益臻鞏固若再增過六班數則排長之指揮能力不足且增大兵力與大部隊之編制相影響故仍以六班爲最佳若僅以單純之步兵六班仍嫌不足不可不

於六班中設輕機關槍二或三班擲彈筒一班以厚排之火力攻擊時則可以發揚優勢之火力以壓倒敵人防禦時側防之配置以輕機關槍任之正面之射擊以步槍班任之前面死角之射擊以擲彈筒任之使敵無隙可乘則支點之防禦益形鞏固查日軍平時編制每排有六班其中有輕機關槍兩班擲彈筒一班戰時編制更爲擴大自無待言我軍欲改良編制至低限度須視足以制敵之分量而改良之

6.中央須設自動車學校編練戰車隊　『理由』此次敵軍每欲突破我之陣地必先以砲兵之破摧射擊繼以戰車掩護步兵前進向我陣地左衝右突引爲不磨之戰術若八字橋閘北江灣廟行等戰役無役不如此我則付之缺如惟恃大無畏之精神掩護我軍前進有時迫近敵陣地而爲障礙物所阻止坐失良機者如二月二十六日六十一師及七十八師協攻小場廟之役是也查日軍對於戰車設有專校以編練其數目逐日增加大有與歐美各國並駕齊驅之概於軍事上之需要可想而知但戰車之設置需款甚鉅每軍設置較爲難舉應由中央先行設校籌辦逐漸推廣則我裝備可望漸臻完備某軍可不足慮矣

二、教育之應改良　此次戰爭之結果一方面因發現我編制裝備之不完善而生出軍事之缺憾同時亦不能不推究我軍隊教育之不充分致生有多少之影響謹以觀察所及詳述於後以資改

良

1. 關於一般之教育

甲、須注重戰鬭教練　『理由』以累次戰役中所見日軍於戰鬭時不論攻守進退常多按戰術之原則是以一切動作殊甚妥善卽有時發生錯誤亦不甚大可見彼平時對於戰鬭教練有素故能戰時應付裕如我軍雖人人能自爲戰奮勇殺敵但往往不顧戰術之要求轉生出許多過失此不能不承認平時戰鬭教練之不充分有以致之也我國訓練軍隊向來側重制式教練忽視戰鬭教練重形式輕實力實爲我國軍事界之通病其訓練所得之結果只能用之於閱兵而不能用之於實戰此爲不可諱之事實此後改良軍隊教育應先由此改革以破向來之積弊方能提高軍隊之能力也

乙、須注重夜間教育　『理由』現代兵器之發達空軍之活躍在晝間軍隊之運動殊爲困難且所受之損害甚鉅故戰爭之趨勢多移之夜間此次我軍常利用暗夜以行夜襲而制勝但夜戰之諸般動作至爲困難倘非平時訓練有素轉足以自招滅亡所以夜間之教育不可不特別注重況物質落後之我軍更不得不特別訓練也

丙、須注重射擊教練　『理由』火戰之目的在以火力壓倒敵人然欲火力之發揚非

先有良好之射擊指揮及技能不爲功故射擊敎練誠爲軍隊敎育之最重要課目我國軍隊平時對於射擊敎練殊不重視一至戰時便不能沉着射擊浪費子彈日軍步兵之實戰經驗少然其下級幹部射擊指揮之良好實有足稱者我軍此後欲求火戰之進步不可不先提高射擊之指揮及射擊技能之向上注重射擊敎練

丁、須注重刺槍術及行軍演習　『理由』我國軍武術之擅長行軍力之強大誠爲至特長之優點亟宜加倍訓練精益求精强益加强以養成强悍神勇之部隊

2. 注重諸兵連合演習　『理由』我國訓練軍隊向來有二種最大弊病一則側重制式敎練二則側重單純的敎練而所謂諸兵連合演習殊屬少見一旦對外作戰而驅以諸兵種而合爲一陣則指揮之不靈敏動作之不能協調轉足以影響戰事而有餘故平時不可不常行演習以資純熟日軍步砲飛之協同及陸海空之聯合協同作戰均極確實可見彼平時訓練之周到此後我軍務宜以國防爲敎育之方針日軍爲敎育之對象放大眼界從大處着手則我國軍庶其有豸焉

3. 注重排班長之敎育以提高其能力之向上　『理由』火器之進步戰場幅員與縱深之長大而火線指揮之重點不能不分歸於排班長之手有時班亦附有獨立性而分擔戰場上重要之任

務於此次之作戰我軍實有不少之佳例因此下級幹部之能力特別是實兵指揮之技能向上成爲軍隊教育上之重大問題故平時教育對於下級幹部須施以相當之教育使其能力日日向上然後方能負平戰兩時之任務其教育方法除選送入軍事學校外在營中亦須設立下級軍官教育班與軍事班分別輪流施行之

4. 注重特種兵教育　『理由』我國軍向因編制之不完備其教育亦因之側重步兵而輕於特種兵迨一旦對外作戰特種部隊多失其效用與日軍適成反比例此乃我國軍最大之缺點然將來作戰之趨勢已進於機械化科學化而特種兵之需要較之步兵尤爲更甚此次特種兵之教育不可不特別注意

三、工事之應改良　『理由』此次我軍倉卒應戰一時爲時間技術材料所限制以致陣地之編成及構築多不能依據戰術及築城之原則其缺點之處所在多有然尙能作縱深之配備而交通壕則太少因此陣地交通不便因築城技術不巧妙故工事易爲敵所認識而招砲火之毀滅日軍陣地多爲支撐點式尤注重側防雖至排班均分開段落故其强韌性及獨立性自然偉大危險性亦大可減少在累次戰役中我之陣地屢爲敵所突破而敵之陣地爲我陷落者較少其築城之優劣顯然易見當此火器發達戰術激變之時築城方式自不能不隨之改變此後陣地編成及構築之趨勢應以數線陣地及縱深配備爲主眼以採取支撑點式或分散配備式爲最有利蓋此二方式富有强靱性及獨立性且我軍之逆襲行動殊爲容易持久的陣地戰爲最良之築城方式此外工事之施設以適合自然地爲主採取低胸牆較爲有利我陣地多不注意此點亦是缺點中之缺點也

四、國防方針應早策定　國家建國之初卽應立定國是本此國是以策定國防方針國府本總理遺敎而立定國是年來因內政未安定國防方針亦未確立坐是國軍之改建及敎育無所適從一旦邊境有事措手不及任人各個擊破或以編制不合之軍驅之應戰廟算未決敗亡可知查列强在其國防方針之下而決定海陸軍之主副英以海軍爲主法以陸軍爲主日則海陸並重其陸軍方面又決定其某部兵力將來使用於某方面本假定之敵國國情及預想之戰場地形而編制該方面之軍隊例如屬於山地者其砲兵及輜重之裝備均以馱馬爲主而軍隊之敎育亦以山地戰爲主將校平日研究敵方之語言文字及常往敵國邊境旅行凡此種種平時均須預爲決定而從事訓練者也吾國國防東北爲日俄西南爲英法　總理之遺敎垂示吾人以和平手段取銷一切不平等條約而進中華民國於國際間自由平等之地位運用此和平之外交手段以達吾國政治目的必須有與列强平衡之武力蓋有平衡之武力方能保持和平而達到和平取銷一切不平等條約之目的再進而促世界於大同總理所遺傳之國是經如上述吾人須以緩急先後之作用而策定國防之方針則當前倭奴爲吾人之假定敵國曷有疑義深望黨國賢哲邦人君子於同一之方針效勾踐之臥薪嘗膽二十年之後不能雪往昔之奇恥大辱者吾不信也

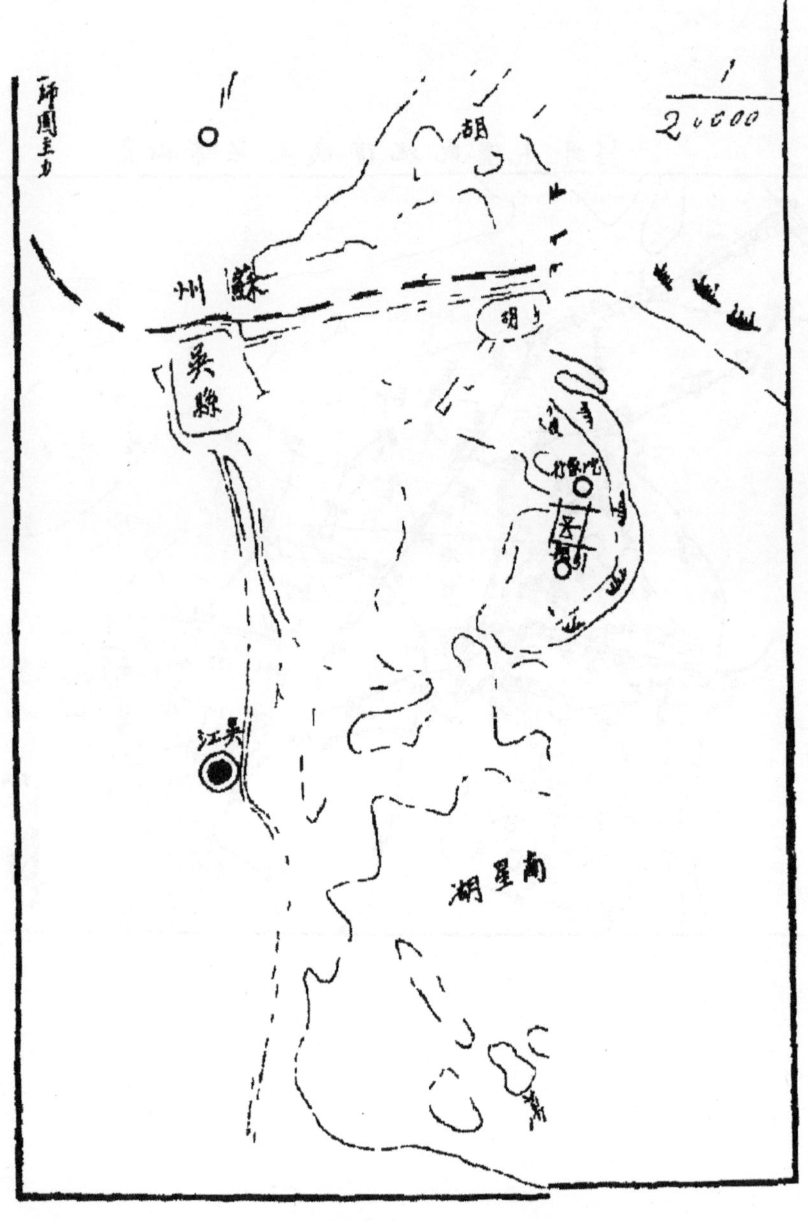

師團主力
蘇州
吳縣
南星湖
1/20000

崑山常熟之綫陣地配備要圖

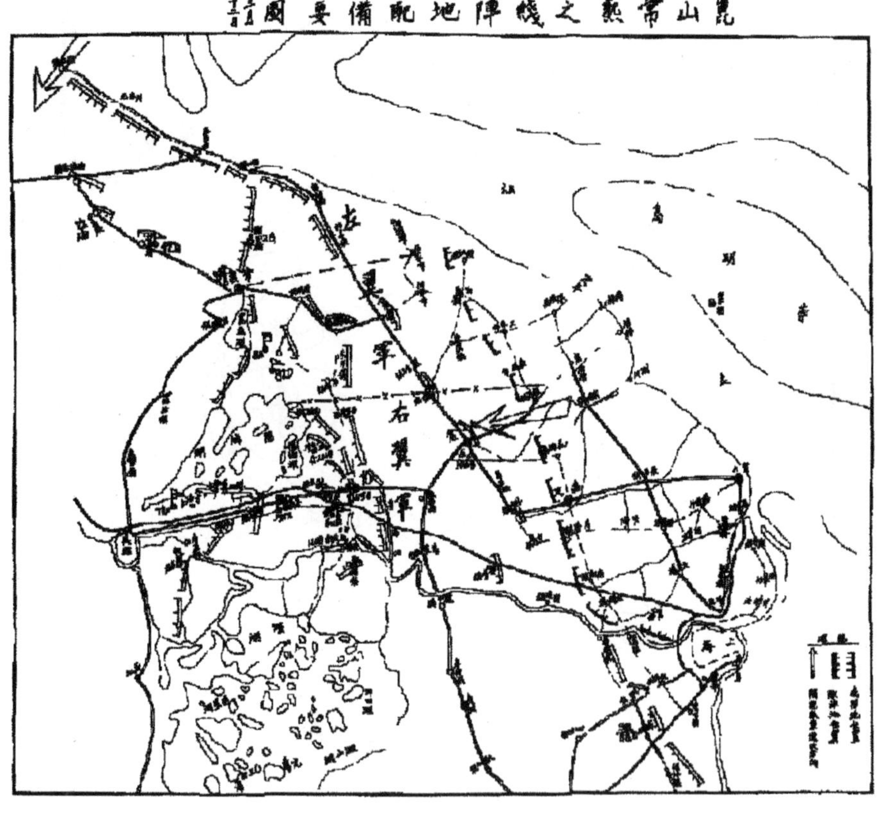

全綫撤退經過要圖

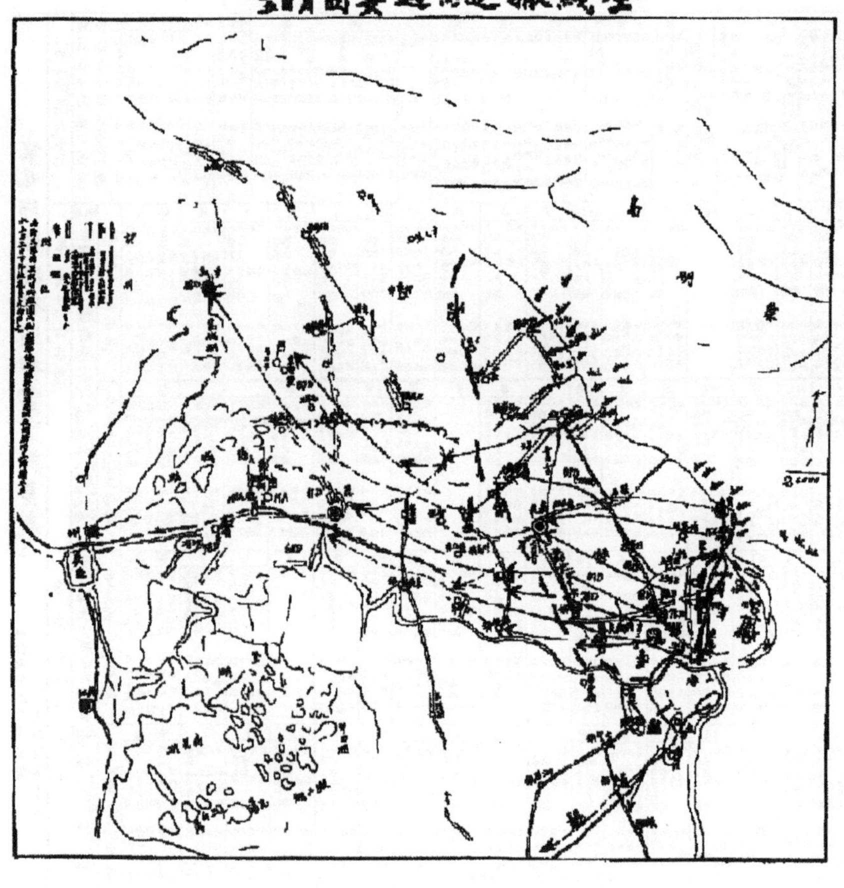

第九師團將校同相當官職員表

昭和七年二月十五日調
第九師團司令部

第九師團司令部

師團長 中將 植田謙吉
參謀長 少將 田代皖一郎

[illegible]

步兵第六旅團

旅團長 少將 [illegible]

步兵第七聯隊

[illegible]

步兵第三十五聯隊

[illegible]

步兵第十八旅團

旅團長 少將 小野寺香[illegible]

步兵第十九聯隊

[illegible]

步兵第三十六聯隊

[illegible]

衛生隊

[illegible]

[illegible]第一中隊

[illegible]

混成第二十四旅團

[illegible]

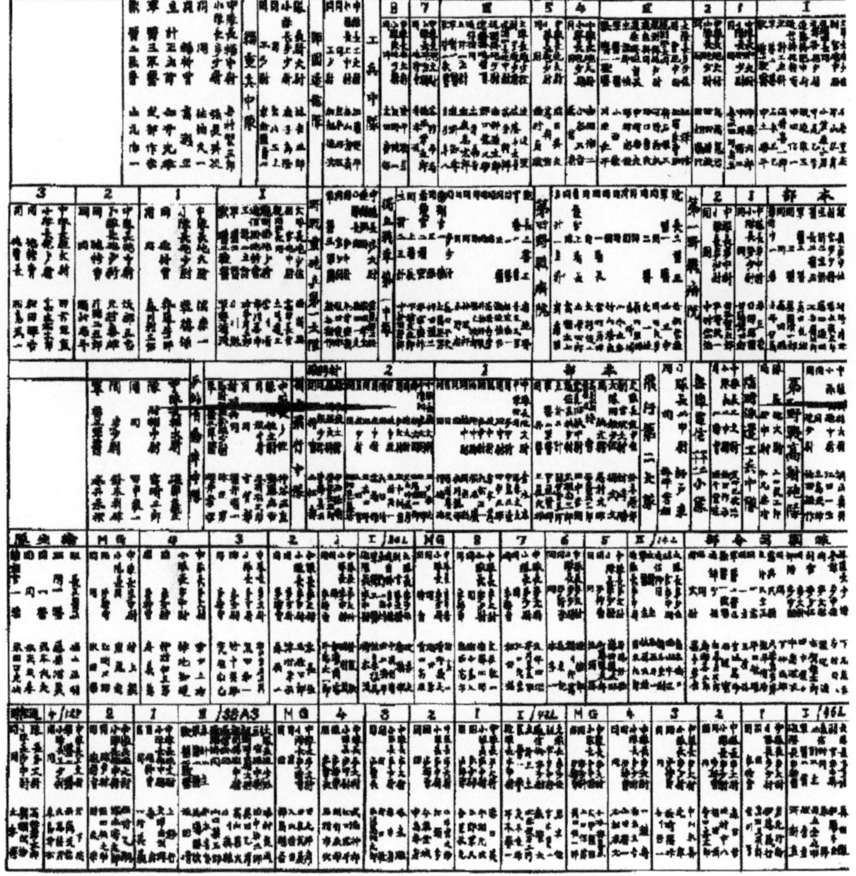